电动自行车/三轮车故障诊断与排除实例精解

洛阳市绿盟电动车维修培训学校　组编

刘遂俊　主　编
刘伟豪　副主编

机械工业出版社

本书是一本专门介绍电动自行车、电动摩托车、电动三轮车故障诊断、检测与排除技术的工具书。书中针对各种常见故障案例进行了较全面的理论分析，给出了合理的诊断检测步骤，适合维修人员在排除类似故障时进行借鉴，并掌握故障诊断维修的一些关键技术。

本书在编写时，打破了传统图书的编写模式，以实际维修中遇到的常见故障为切入点，针对目前市场上流行的车型和款式，采用图文相结合和扫码看视频的方式，对电动自行车、电动摩托车和电动三轮车大量具体故障实例进行剖析，并辅以专家指导、专家点评、特别提示、知识链接、故障总结、经验总结等重点、要点说明。书中介绍的各种案例均来源于实践，既有典型性，又有普遍性和实用性，读者可跟着学、跟着练，可以在具体案例中得到启示，举一反三，从而领悟原理、掌握技能、开阔眼界、增长经验。

本书可以作为电动车专业维修人员、售后服务人员以及营销人员的自学读本，也可以作为各类电动车维修培训班的培训教材。

图书在版编目（CIP）数据

电动自行车/三轮车故障诊断与排除实例精解/刘遂俊主编；刘伟豪副主编．—北京：机械工业出版社，2022.6（2025.1重印）

ISBN 978-7-111-70559-8

Ⅰ.①电… Ⅱ.①刘…②刘… Ⅲ.①电动自行车-故障检测②机动三轮车-故障检测 Ⅳ.①U484.07

中国版本图书馆 CIP 数据核字（2022）第 062382 号

机械工业出版社（北京市百万庄大街22号　邮政编码100037）
策划编辑：刘星宁　　　　　责任编辑：刘星宁　朱　林
责任校对：樊钟英　刘雅娜　封面设计：马精明
责任印制：常天培
北京机工印刷厂有限公司印刷
2025年1月第1版第4次印刷
184mm×260mm · 15印张 · 371千字
标准书号：ISBN 978-7-111-70559-8
定价：59.90元

电话服务　　　　　　　　　网络服务
客服电话：010-88361066　　机　工　官　网：www.cmpbook.com
　　　　　010-88379833　　机　工　官　博：weibo.com/cmp1952
　　　　　010-68326294　　金　书　网：www.golden-book.com
封底无防伪标均为盗版　　　机工教育服务网：www.cmpedu.com

前言

当前，电动自行车、电动摩托车和电动三轮车已成为我国城乡居民出行的主要交通工具之一。随着电动车技术的快速发展，新技术、新材料被广泛应用于电动车，电动车推陈出新的速度在不断加快，这对电动车维修人员提出了更高的要求，需要电动车维修人员不断磨炼维修技术、跟上技术发展的步伐。基于此，作者将长期从事电动车维修工作遇到的典型故障进行整理和总结，按照维修人员易于理解的方式编辑成书，希望对广大电动车维修人员和准备进入电动车维修行业的人员有一定的启发。

本书主要介绍电动自行车、电动摩托车和电动三轮车各种故障的维修方法，特别是电气系统常见故障的速查速修方法。本书的突出特色是：以图文相结合和扫码看视频的形式对电动自行车、电动摩托车和电动三轮车电气系统故障的快速判断和修理方法进行介绍，并附有结构原理的说明，使维修人员通过阅读本书，能够对各种故障快速做出诊断与排除。

本书在编写时，打破传统图书的编写模式，以实际维修中遇到的常见故障为切入点，针对目前市场上流行的车型和款式，采用图文相结合和扫码看视频的方式，对电动自行车、电动摩托车和电动三轮车大量具体故障实例进行剖析，并辅以专家指导、专家点评、特别提示等重点、要点说明。书中介绍的各种案例均来源于实践，既有典型性，又有普遍性和实用性，读者可跟着学、跟着练，可以在具体案例中得到启示，举一反三，从而领悟原理、掌握技能、开阔眼界、增长经验。

本书有以下几个特点：

1）知识面宽，包括电动自行车、电动摩托车和电动三轮车维修的全部核心技术。

2）系统全面，包括各种故障维修的每一个环节，并辅以结构原理、接线技巧和更换要领，即使是维修新手也非常易学、易用。

3）实用方便，本书的维修技术来源于实践，关于维修工具、仪器、配件和方法都可以很快地在本书中查到。

4）本书采用大量实拍照片和扫码看视频的形式将各种车型的维修的每个环节进行再现，以故障维修速查流程图的形式对维修过程进行阐述，并辅以重点说明和经验总结，使维修操作步骤简明扼要、通俗易懂。

5）注重对实际操作技能的介绍和维修技巧的讲解，使读者可从中得到启示，举一反三。

本书是作者多年维修电动车经验的提炼和总结，书中的维修方法与实例均来源于实践，具有一定的代表性和典型性。本书编写思路清晰、内容翔实、图文并茂、通俗易懂，既有利于教学，也便于自学。读者可随用随看，易于查阅，是一本方便快捷、实用性强的维修技术资料，也是电动自行车、电动摩托车和电动三轮车维修必备的实用工具书。读者通过阅读本

书，可以跟着学、跟着做、跟着修，从而达到速学速修的目的。

另外，本书中所说的万用表如不作特殊说明，均为 DT-9205A 数字式万用表，书中所测量的数据均为数字式万用表所测。特别需要说明的是，理论数据与实际所测数据有误差，所以书中有"理论值"和"实测值"两种数据。另外，需要说明的是，为方便说明，书中以某一厂家的车型为例进行说明，不针对厂家的质量和厂家的名誉，请相关厂家谅解。

本书由河南省洛阳市绿盟电动车维修培训学校组织编写，电动车教学专业名师刘遂俊主编，相关的仪器和插图由洛阳绿盟电子科技开发中心提供。另外，刘伟豪、马利霞、刘伟杰、刘月英、刘月玲、李建兴、丁水良、丁惠利、丁少伟、刘武杰等参加了编写，在此一并表示感谢。

随着电动车技术的不断发展，电动车的品种和型号日新月异，如广大读者需要技术培训和购买维修仪器可与作者联系，联系方式如下：

洛阳市绿盟电动车维修培训学校

电话：15824994061，15137123878

目 录

前言

第一章 电动自行车维修工具、仪器和维修技巧 ... 1

第一节 电动自行车维修工具 ... 1
一、电动自行车维修所需工具 ... 1
二、蓄电池修复所需工具 ... 9

第二节 电动自行车维修仪器与使用技巧 ... 10
一、维修电动自行车需要的仪器 ... 10
二、电动自行车维修仪器使用技巧 ... 11

第三节 电动自行车故障诊断步骤与排除技巧 ... 33
一、电动自行车故障诊断步骤 ... 33
二、电动自行车故障维修方法 ... 34
三、电动自行车故障维修技巧 ... 36
四、电气四大件故障的快速诊断技巧 ... 37

第二章 充电器故障排除实例 ... 42
一、外星人48V充电器接通交流电,指示灯不亮 ... 42
二、江禾充电器指示灯有时亮,有时不亮 ... 43
三、友仪充电器指示灯不亮,充电器内铜箔烧断 ... 44
四、立马电动摩托车48V/30Ah充电器交流熔断器熔断 ... 45
五、爱玛电动车48V充电器烧坏 ... 47
六、飞鸽电动车36V充电器指示灯闪烁,无电压输出 ... 48
七、新蕾电动车48V充电器指示灯不亮 ... 50
八、小刀电动车48V充电器接通交流电后,指示灯有时亮,有时不亮 ... 52
九、速派奇电动车48V充电器,指示灯亮,充不进电 ... 53
十、绿源电动车48V充电器充电时风机噪声大 ... 55

第三章 电动机故障排除实例 ... 57
一、飞鸽有刷电动自行车骑行中时快时慢 ... 57
二、英克莱36V无刷电动自行车电动机引线断,电动机不转 ... 59
三、速派奇48V有刷电动车电动机转动无力 ... 60

四、立马电动摩托车电动机断相，电动机转动无力 ………………………… 62
五、爱玛无刷电动车电动机有杂音 ……………………………………………… 64
六、绿源有刷电动自行车电动机磁钢脱落，电动机有异响 …………………… 66
七、立马电动自行车骑行时后车轮有杂音 ……………………………………… 69
八、飞鸽有刷电动自行车电动机有杂音 ………………………………………… 70
九、丰收货运电动三轮车串励电动机不转 ……………………………………… 74
十、洪都电动自行车60V无刷电动机进水 ……………………………………… 75

第四章 蓄电池故障排除实例

一、新日电动摩托车充一次电跑不远 …………………………………………… 77
二、爱玛电动自行车充电几分钟充电器指示灯就转绿灯 ……………………… 78
三、小刀电动摩托车充电后骑行里程太短 ……………………………………… 79
四、雅迪64V电动摩托车更换蓄电池 …………………………………………… 81
五、飞鸽电动自行车蓄电池连线短路 …………………………………………… 82
六、大阳电动摩托车用12V/7Ah蓄电池修复 …………………………………… 83
七、绿佳电动自行车仪表上有电，蓄电池断格，造成电动自行车无法正常行驶 … 85
八、绿源电动自行车蓄电池放置一个多月，电动自行车不能行驶 …………… 86
九、天能蓄电池使用1年零2个月后修复 ……………………………………… 88
十、台铃电动摩托车用16V/14Ah蓄电池更换 ………………………………… 89
十一、小刀电动车仪表上有电，转动转把，电动机不转 ……………………… 90
十二、比德文电动摩托车转动转把，仪表上电量突然下降 …………………… 91
十三、速派奇电动自行车装配超威电池 ………………………………………… 93
十四、绿源电动摩托车充不进电，转动转把，仪表上的电量迅速下降 ……… 95
十五、雅迪电动摩托车仪表有电，电动机起动后就停转 ……………………… 97
十六、立马电动摩托车充电8h充电器指示灯仍不转绿灯 …………………… 99
十七、超威48V/12Ah蓄电池修复 ……………………………………………… 101
十八、绿佳电动自行车蓄电池更换 ……………………………………………… 103
十九、小刀电动摩托车转动转把后，电动车骑行速度慢，没有力量 ………… 105
二十、电动摩托车用12V/5Ah蓄电池修复 …………………………………… 106
二十一、台铃电动摩托车蓄电池鼓包变形 ……………………………………… 108
二十二、飞鸽电动自行车充电时蓄电池发热 …………………………………… 109

第五章 机械和其他故障排除实例

一、雅迪电动自行车前车轮有杂音 ……………………………………………… 112
二、爱玛电动自行车车把在骑行时摆动 ………………………………………… 114
三、立马电动自行车后车轮轴螺母松动，造成车闸转动损坏电动机引线 …… 116
四、新日电动自行车后减振断裂 ………………………………………………… 118
五、小鸟电动摩托车后减振断裂 ………………………………………………… 120
六、爱玛电动自行车车座损坏 …………………………………………………… 122

七、速派奇电动自行车更换带锁随动闸·· 123
　　八、爱玛电动自行车前刹车失灵·· 126
　　九、立马电动摩托车前刹车线断裂·· 130
　　十、阿米尼电动自行车后刹车线芯断裂·· 132
　　十一、吉祥狮电动摩托车后刹车有异响··· 134
　　十二、立马电动摩托车后车轮轮胎更换··· 135
　　十三、雅迪电动自行车后刹把损坏··· 139
　　十四、新蕾电动摩托车轮胎慢性漏气··· 140
　　十五、爱玛电动自行车轮胎扎坏漏气··· 141

第六章　电气故障排除实例·· 144

　　一、红旗有刷电动自行车，打开电源锁后，电动车飞车····················· 144
　　二、新日无刷电动车，骑行中电动机突然抱死····································· 145
　　三、立马电动摩托车车速低·· 147
　　四、爱玛电动自行车仪表上有电，但电动机不转································ 148
　　五、绿源60V无刷电动摩托车控制器烧坏·· 150
　　六、绿佳无刷电动摩托车，打开电源锁，仪表上有电，但车速低，时走时不走，
　　　　行驶无力··· 152
　　七、爱玛电动自行车用水冲洗后，电动机有时不转，有时飞车········· 153
　　八、台铃电动摩托车，用户骑行中上坡时车座下冒烟························ 155
　　九、新日电动摩托车载重骑行中，电动机突然抱死···························· 156
　　十、雅迪电动自行车仪表上有电，但电动机不转································ 157
　　十一、小刀电动摩托车报警器的遥控器按键不灵敏···························· 158
　　十二、绿源电动车按遥控器锁住电动机后，报警器无法解锁············· 160
　　十三、雅迪电动摩托车上坡或负载过重时，仪表上有电，但电动机不转·· 160
　　十四、速派奇电动摩托车行驶正常，但仪表上电量指针不动············· 161
　　十五、新日电动摩托车车速低··· 163
　　十六、都市风载重王电动自行车仪表上有电，但电动机不转············· 165
　　十七、雅迪无刷电动车电动机引线拧断··· 166
　　十八、速派奇电动自行车后车闸固定螺栓松动后，车闸转动损坏电动机引线········· 170
　　十九、小鸟电动车仪表上有电，但电动机不转···································· 172
　　二十、台铃电动车下雨天骑行后，仪表上有电，但电动机不转········· 174
　　二十一、飞鸽电动自行车仪表上有电，但电动机不转························ 175
　　二十二、小鸟电动摩托车仪表上有电，但电动机不转························ 177
　　二十三、飞鸽电动自行车电动机有阻力并有杂音································ 178
　　二十四、新日豪华型电动车前大灯亮度低，加装LED射灯················· 180
　　二十五、飞鸽电动摩托车打开电源锁，整车无电································ 182
　　二十六、安琪儿电动摩托车打开电源锁，整车无电···························· 183
　　二十七、立马电动摩托车，关闭电源锁后，仪表盘上仍有电量显示·· 185

二十八、五星钻豹无刷电动车骑行正常，打开大灯开关后，整车无电 …… 186

二十九、立马电动摩托车下坡时电动机突然抱死 …… 188

三十、安琪儿无刷电动自行车，打开电源锁，电动机高速旋转，但时而正常，时而不正常 …… 191

三十一、绿源电动摩托车行驶正常，但大灯、转向灯、喇叭均不工作 …… 193

第七章 电动三轮车故障排除实例 …… 196

一、金彭老年用电动三轮车仪表上有电压，但电动机不转 …… 196

二、双枪货运电动三轮车刹车失灵 …… 197

三、通胜货运电动三轮车载重时行驶无力 …… 200

四、丰收货运电动三轮车（差速）电动机旋转但车轮不行驶 …… 201

五、飞舟货运电动三轮车仪表上有电，但电动机不转 …… 203

六、通胜货运电动三轮车仪表上有电，但电动机不转 …… 206

七、简易型电动三轮车链条有异响，上坡时掉链条 …… 208

八、大安电动三轮车后车闸刹车时抱死 …… 210

九、白天鹅电动三轮车上坡时，控制器冒烟 …… 212

十、双枪货运电动三轮车 120Ah 蓄电池更换 …… 213

十一、丰收货运电动三轮车充电机电源指示灯亮，但充电时无电流 …… 215

十二、通胜货运电动三轮车接触器损坏 …… 216

十三、金彭快递专用电动三轮车加电后不动 …… 218

十四、步步先货运电动三轮车骑行时有杂音 …… 220

十五、力之星客运电动三轮车喇叭不响，智能语音功能失效 …… 220

十六、新鸽小折叠电动三轮车充不进电 …… 222

十七、大安电动三轮车负载过重，造成控制器烧坏 …… 224

十八、新能源货运电动三轮车后桥脱档 …… 226

十九、新马货运电动三轮车行驶中电动机噪声大 …… 229

二十、金彭电动三轮车在平路上行驶正常，负重上坡时整车无电 …… 230

第一章

电动自行车维修工具、仪器和维修技巧

★★★ 第一节 电动自行车维修工具 ★★★

一、电动自行车维修所需工具 ★★★

电动自行车维修需要焊接工具、拆装工具、清洁工具等，主要有电烙铁和烙铁架、助焊剂、焊锡、吸锡器、内六角扳手、螺钉旋具（俗称螺丝刀）、扳手、尖嘴钳、斜嘴钳、老虎钳、剥线钳、管子钳、手锤、壁纸刀和镊子、补胎工具、手电钻、拉马、热熔胶枪和塑料棒、电焊机、气泵、钢锯、钢锉、专用维修支架、磨光机、手持移动维修灯、链条拆装器、脚拐接力器、吹风机、千斤顶、小针、螺栓松动剂、放大镜等。

扫一扫看视频

★ 1. 电烙铁和烙铁架

电烙铁是维修中进行锡焊的常用工具，烙铁架是放置电烙铁的工具。电烙铁在使用中如果损坏可以更换烙铁头、烙铁芯、电源线。维修电动自行车可选用50～100W电烙铁。50W电烙铁一般是内热式，100W电烙铁一般是外热式。电烙铁和烙铁架外形如图1-1所示。

★ 2. 助焊剂

助焊剂是帮助锡焊的材料，常用的助焊剂有松香和焊锡膏。松香一般用于焊接电路板；焊锡膏一般用于焊接蓄电池和接线柱。松香外形如图1-2所示；焊锡膏外形如图1-3所示。

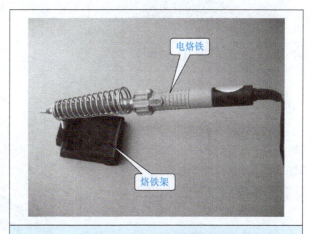

图1-1 电烙铁和烙铁架外形

★ 3. 焊锡

焊锡是进行锡焊的焊料。焊锡有焊锡丝和焊锡条等。焊锡丝外形如图1-4所示。

★ 4. 吸锡器

吸锡器用于拆卸电路板上的电子元器件时吸去熔化的焊锡。吸锡器外形如图1-5所示。

图 1-2 松香外形

图 1-3 焊锡膏外形

图 1-4 焊锡丝外形

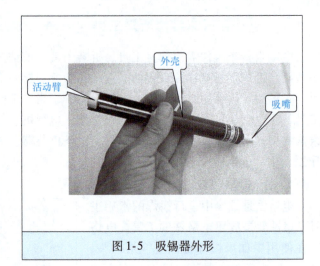

图 1-5 吸锡器外形

★ 5. 内六角扳手

内六角扳手可拆卸安装内六角头的螺钉。例如拆卸转把、刹把、电动机等固定螺钉，选购时可购买整套的内六角扳手。内六角扳手外形如图 1-6 所示。

★ 6. 螺钉旋具

螺钉旋具俗称螺丝刀，用于在日常维修时拆装螺钉，通常需要十字形和一字形两种，也可购买两用螺钉旋具，另外还需购买可砸螺钉旋具。现在维修人员大多使用锂电池电动螺钉旋具，使用方便，可提高工作效率。锂电池电动螺钉旋具外形如图 1-7 所示；可砸螺钉旋具外形如图 1-8 所示。

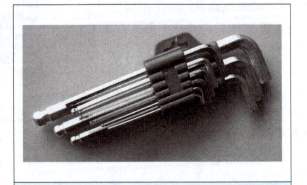

图 1-6 内六角扳手外形

第一章　电动自行车维修工具、仪器和维修技巧

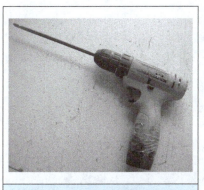

图 1-7　锂电池电动螺钉旋具外形

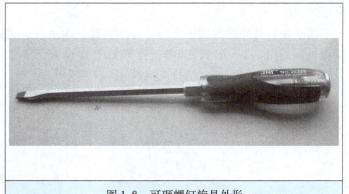

图 1-8　可砸螺钉旋具外形

★ 7. 扳手

扳手用于在日常维修时拆装螺母、螺栓。常用扳手有套筒扳手、活扳手、呆扳手、梅花扳手等。现在维修人员大多使用锂电池电动扳手，使用时可以更换各种型号的套筒，操作方便，能够提高工作效率。

锂电池电动扳手外形如图 1-9 所示；活扳手外形如图 1-10 所示；呆扳手外形如图 1-11 所示；梅花扳手外形如图 1-12 所示。

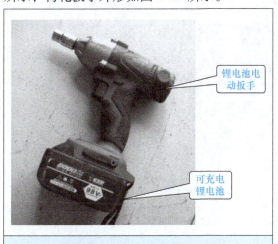

图 1-9　锂电池电动扳手外形

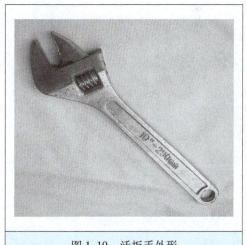

图 1-10　活扳手外形

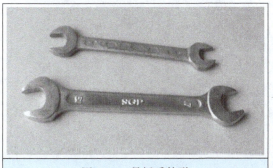

图 1-11　呆扳手外形

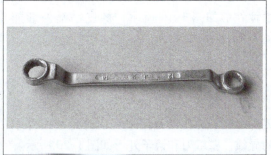

图 1-12　梅花扳手外形

★ 8. 钳子

钳子在日常维修时用于夹物，常用的有尖嘴钳、老虎钳、管子钳、斜嘴钳、剥线钳。尖嘴钳外形如图1-13所示；老虎钳外形如图1-14所示；管子钳外形如图1-15所示；斜嘴钳外形如图1-16所示；剥线钳外形如图1-17所示。

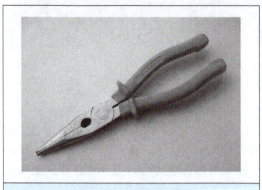
图1-13 尖嘴钳外形

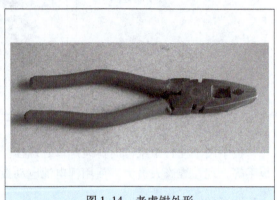
图1-14 老虎钳外形

图1-15 管子钳外形

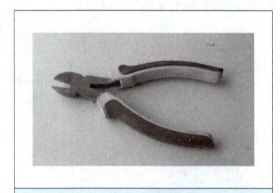
图1-16 斜嘴钳外形

★ 9. 手锤

手锤的作用是敲打物体使其移动或变形。一般需要购买铁手锤和橡皮手锤各一把。铁手锤外形如图1-18所示；橡皮手锤外形如图1-19所示。

★ 10. 壁纸刀和镊子

壁纸刀的作用是切削导线或其他物件。壁纸刀片锋利，它的最大优点就是可以更换刀片。镊子的作用是用来夹物或短接插件中的导线。壁纸刀和镊子外形如图1-20所示。

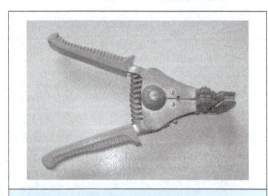
图1-17 剥线钳外形

第一章　电动自行车维修工具、仪器和维修技巧

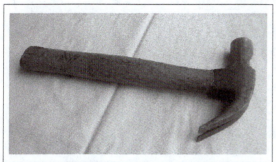

图1-18　铁手锤外形

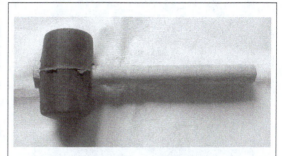

图1-19　橡皮手锤外形

★ 11. 补胎工具

补胎工具包括扒胎工具、搓胎工具、胶水和冷补胶片、气嘴工具、电动车专用小型电动气泵或打气筒。

扒胎工具的作用是拆装电动自行车轮胎；搓胎工具的作用是将内胎搓净，有手工搓胎工具和电动搓胎工具两种；胶水和冷补胶片的作用是修补内胎。扒胎工具外形如图1-21所示；手工搓胎工具外形如图1-22所示；电动搓胎工具外形如图1-23所示；胶水和冷补胶片外形如图1-24所示；气嘴工具外形如图1-25所示；小型电动气泵外形如图1-26所示。

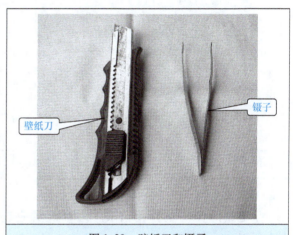

图1-20　壁纸刀和镊子

图1-21　扒胎工具外形

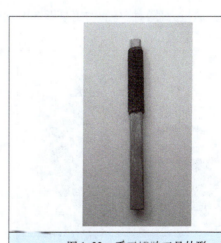

图1-22　手工搓胎工具外形

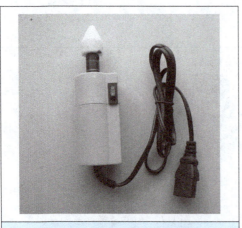

图 1-23　电动搓胎工具外形

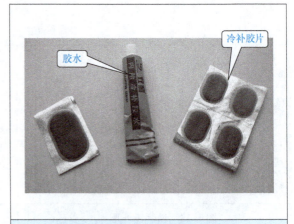

图 1-24　胶水和冷补胶片外形

图 1-25　气嘴工具外形

图 1-26　小型电动气泵外形

★ **12. 手电钻**

手电钻的作用是打孔钻眼。维修人员应选购能正、倒转的手电钻。手电钻外形如图 1-27 所示。

★ **13. 拉马**

拉马又名拉力器，拉马的作用是拆卸电动机轴上的轴承，拉马有两爪和三爪拉马两种。三爪拉马外形如图 1-28 所示。

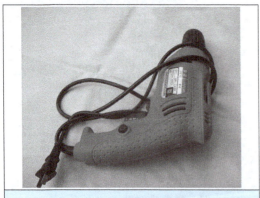

图 1-27　手电钻外形

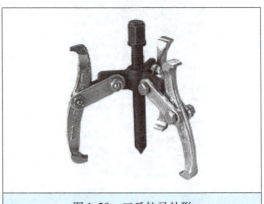

图 1-28　三爪拉马外形

★ 14. 热熔胶枪和塑料胶棒

热熔胶枪和塑料胶棒用于对塑件、插接件、蓄电池极柱进行打胶处理。热熔胶枪和塑料胶棒外形如图 1-29 所示。

★ 15. 半轴和刹车锅专用工具

半轴和刹车锅专用工具主要用于拆卸电动三轮车半轴和刹车锅，如图 1-30 所示。

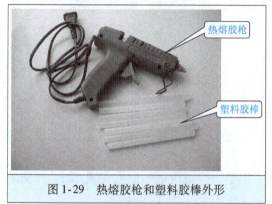

图 1-29　热熔胶枪和塑料胶棒外形

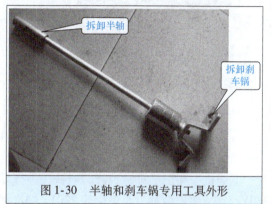

图 1-30　半轴和刹车锅专用工具外形

★ 16. 钢锯和钢锉

钢锯的作用是锯断螺钉或铁器。钢锉的作用是对蓄电池极柱和电烙铁进行除锈处理。钢锯外形如图 1-31 所示；钢锉外形如图 1-32 所示。

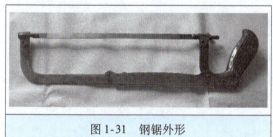

图 1-31　钢锯外形

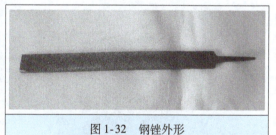

图 1-32　钢锉外形

★ 17. 专用维修支架

专用维修支架的作用是维修电动自行车后轮时支起后轮。支架两侧的固定条上要钻有高低不同的圆孔，以便对支架高低进行调节。维修人员如果有条件可以自己动手焊接专用维修支架。专用维修支架外形如图 1-33 所示。

★ 18. 磨光机

磨光机的作用是切割生锈或断头的螺钉。磨光机外形如图 1-34 所示。

★ 19. 手持移动维修灯

手持移动维修灯的作用是夜间维

图 1-33　专用维修支架外形

修时照明使用。手持移动维修灯外形如图1-35所示。

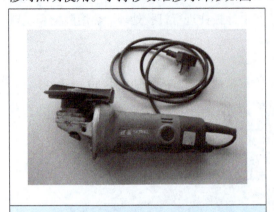

图1-34 磨光机外形

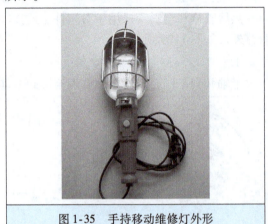

图1-35 手持移动维修灯外形

★ 20. 小型电焊机

电焊机主要用于日常维修时对铁件进行焊接。小型电焊机供电电源有交流220V和交流220V/380V两用两种。小型交流220V/380V两用电焊机外形如图1-36所示。

★ 21. 脚拐拉力器

脚拐拉力器的作用是拆卸脚拐。脚拐拉力器外形如图1-37所示。

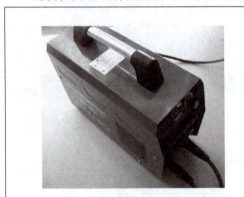

图1-36 小型交流220V/380V两用电焊机外形

图1-37 脚拐拉力器外形

★ 22. 吹风机

吹风机的作用是对物件进行加热去潮处理。吹风机外形如图1-38所示。

★ 23. 千斤顶

千斤顶的作用是维修电动三轮车时支起车架或车轮。千斤顶外形如图1-39所示。

★ 24. 小针

小针的作用是拆卸接插件内的插片，维修人员可以用旧车辐条自制。小针外形如图1-40所示。

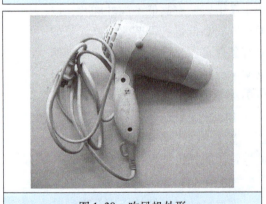

图1-38 吹风机外形

第一章 电动自行车维修工具、仪器和维修技巧

图 1-39 千斤顶外形

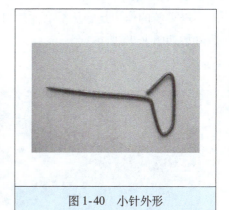

图 1-40 小针外形

★ 25. AB 胶

AB 胶用于粘牢塑件和电动机磁钢等。AB 胶外形如图 1-41 所示。

★ 26. 螺栓松动剂

螺栓松动剂的作用是拆卸生锈的螺栓、螺母。螺栓松动剂外形如图 1-42 所示。

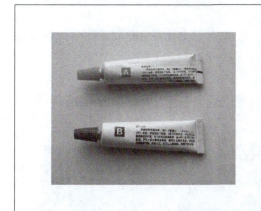

图 1-41 AB 胶外形

图 1-42 螺栓松动剂外形

★ 27. 放大镜

放大镜的作用是维修充电器、控制器电路板时观察电路板上的元器件型号和开焊处。放大镜外形如图 1-43 所示。

二、蓄电池修复所需工具 ★★★

★ 1. 小号一字形螺钉旋具

小号一字形螺钉旋具的作用是撬开蓄电池上盖和日常维修。小号一字形螺钉旋具外形如图 1-44 所示。

图 1-43 放大镜外形

★ 2. PVC 胶

PVC 胶的作用是修复蓄电池后对蓄电池上盖进行封口，也可以使用 PVC 胶封口。PVC 胶外形如图 1-45 所示。

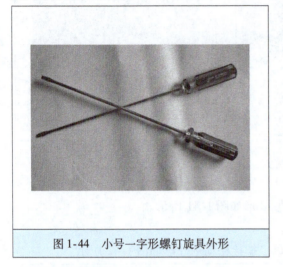

图 1-44　小号一字形螺钉旋具外形

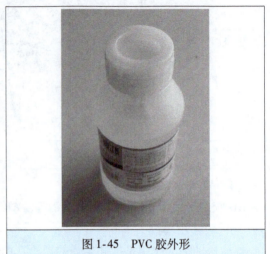

图 1-45　PVC 胶外形

★ 3. 注射器

注射器的作用是修复蓄电池时，给蓄电池补水。注意使用注射器时要取下针头，以防损坏蓄电池。注射器外形如图 1-46 所示。

★ 4. 密度计

密度计的作用是测量蓄电池比重，判断蓄电池的蓄电量。密度计外形如图 1-47 所示。

图 1-46　注射器外形

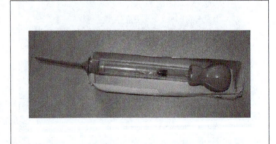

图 1-47　密度计外形

★★★ 第二节　电动自行车维修仪器与使用技巧 ★★★

一、维修电动自行车需要的仪器 ★★★

扫一扫看视频

维修电动自行车需要的仪器有万用表、蓄电池检测表、电动车综合检测仪、电动车快速充电站等。维修电动自行车需要的仪器见表 1-1，维修人员可以根据自己的情况选用。

第一章 电动自行车维修工具、仪器和维修技巧

表 1-1 维修电动自行车需要的仪器

序号	机型	用途	单位	数量
1	数字式万用表或指针式万用表	测量交直流电压、电流;检测电阻、导线的通断	个	1
2	蓄电池容量检测表	检测蓄电池容量、内阻	个	1
3	小型电动气泵	为电动自行车充气	个	1
4	"绿盟"牌 LM-2 无刷电动车综合检测仪	检测无刷电动机霍尔元件、线圈好坏;检测转把、控制器的好坏	个	1
5	"绿盟"牌 LM-1 投币式电动车快速充电站	电动自行车/三轮车快速充电	台	任选1台
6	"绿盟"牌 LM-2 投币式电动车快速充电站	电动自行车/三轮车快速充电	台	
7	"绿盟"牌 LM-3 柜式电动车快速充电站	电动自行车/三轮车快速充电	台	
8	"绿盟"牌 LM-4 柜式电动车快速充电站	电动自行车/三轮车快速充电	台	
9	"绿盟"牌 LM-4 柜式定时电动车快速充电站	电动自行车/三轮车快速充电	台	
10	"绿盟"牌 LM-5 型蓄电池容量检测放电仪	蓄电池容量放电检测	台	1
11	"绿盟"牌 LM-6 五合一蓄电池智能脉冲修复仪	24Ah 以下蓄电池检测、修复	台	任选1台
12	"绿盟"牌 LM-7 综合型蓄电池智能脉冲修复仪	200Ah 以下蓄电池检测、修复	台	
13	"绿盟"牌 LM-8 蓄电池检测修复组合柜	24Ah 以下蓄电池检测、修复	台	
14	"绿盟"牌 LM-9 蓄电池检测修复组合柜	200Ah 以下蓄电池检测、修复	台	
15	"绿盟"牌 LM-10 大型蓄电池修复检测系统	200Ah 以下蓄电池检测、修复	台	
16	"绿盟"牌铅酸蓄电池补充电解液	蓄电池修复补充电解液	壶	若干
17	"绿盟"牌铅酸蓄电池高效修复剂	蓄电池修复时加液	壶	若干

二、电动自行车维修仪器使用技巧 ★★★

(一)数字式万用表使用技巧

由于电动自行车维修使用数字式万用表比较方便,这里对数字式万用表进行介绍。数字式万用表种类繁多,但其使用方法基本相同。下面以 DT-9205A 型全保护数字式万用表为例加以说明。DT-9205A 型数字式万用表外形如图 1-48 所示。

★ 1. 操作面板

(1)液晶显示屏

液晶显示屏用于显示被测对象数值大小。

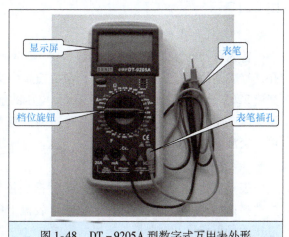

图 1-48 DT-9205A 型数字式万用表外形

它可以显示4位数字和一个小数点。液晶显示屏外形如图1-49所示。

(2) 档位旋钮

档位旋钮用于调整测量功能、量程。档位旋钮有交直流电压档、交直流电流档、电阻档、二极管档、三极管档、容量档。档位旋钮外形如图1-50所示。

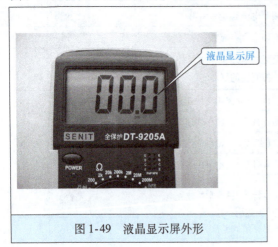

图1-49 液晶显示屏外形

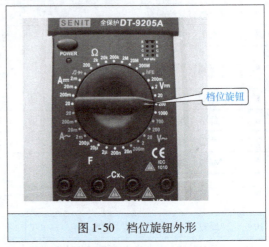

图1-50 档位旋钮外形

(3) 表笔插孔

操作面板上有5个表笔插孔,"V/Ω"为红表笔插孔,测量电压、电阻和二极管时使用;"COM"为黑表笔插孔,测量电压、电流、电阻和二极管时使用;"20A"为大电流插孔,用于测量200mA~20A以下电流时使用;"mA"为小电流插孔,用于测量0~200mA电流时使用;显示屏右上角是三极管插孔,用于测量三极管的相关参数。表笔插孔外形如图1-51所示。

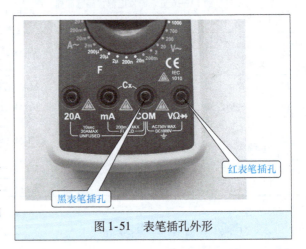

图1-51 表笔插孔外形

★ 2. 交流电压的测量

首先打开电源开关(POWER),将ON/OFF开关置于ON位置,黑表笔插进"COM"孔,红表笔插进"V/Ω"孔。将档位旋钮旋到交流档"V~"处所需的量程即可,例如测量交流220V,将档位旋钮旋到交流700V电压的量程档位。测量时将表笔与被测电路并联,由于交流电压无正负之分,表笔可任意放置在被测导线两端,读取万用表显示屏上的读数即可。交流电压的测量如图1-52所示。

★ 3. 直流电压的测量

表笔插孔与交流电压的测量一样,把档位旋钮旋到"V-",表示直流电压档的量程,先选择比估计电压值大的量程(注意:表盘上的数值均为最大量程),例如测量直流200V电压的量程档位。接着把表笔接电源或电池两端,要保持接触稳定。数值可以直接从显示屏上读取,若显示为"1",则表明超过量程,那么就要加大档位旋钮的量程后再进行测量。

第一章　电动自行车维修工具、仪器和维修技巧

如果在数值左边出现"-",则表明表笔极性与实际电源极性相反,此时红表笔接的是负极,黑表笔所接的是正极,因为直流电源有正、负极性,所以在测量直流电压时,我们也判断了蓄电池的极性。用直流电压档测量12V蓄电池如图1-53所示。

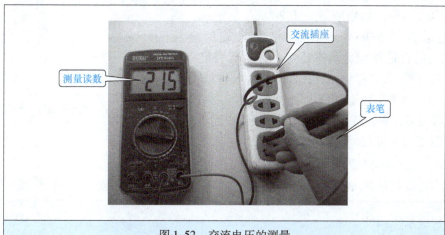

图1-52　交流电压的测量

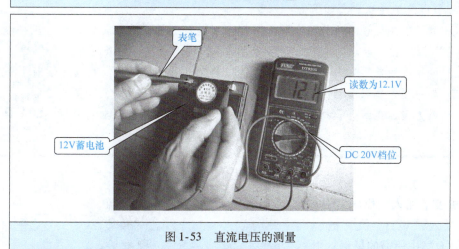

图1-53　直流电压的测量

> **特别提示**
>
> 测量电压的注意事项如下:
> ① 无论测交流电压还是直流电压,都要注意人身安全,不要随便用手触摸表笔的金属部分。特别是测量高电压时,要格外注意避免触电。
> ② 如果不知道被测电压范围,应将功能开关置于最大量程并逐渐下降。
> ③ 如果显示器只显示"1",表示超过量程,需将功能开关置于更高量程。
> ④ 万用表的直流电压档的最大量程是1000V,不要测量高于1000V的直流电压,以免损坏万用表内部电路。不要测量高于700V的交流电压,以免损坏万用表内部电路。

★ 4. 直流电流的测量

先将黑表笔插入"COM"孔。若测量大于200mA的电流，则要将红表笔插入"20A"插孔，并将旋钮旋到直流"20A"档；如果测量小于200mA的电流，则将红表笔插入"200mA"插孔，将旋钮旋到直流200mA以内的合适量程。调整好后，将测试表笔串联接入到待测负载上，在显示电流值的同时，也将显示红表笔的极性。如果在数值左边出现"-"，则表明电流从黑表笔流进万用表；若显示为"1."，表示电流超过量程，那么就要加大量程。直流电流的测量示意图如图1-54所示。

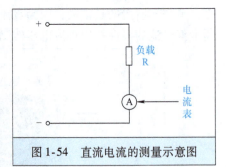

图1-54 直流电流的测量示意图

★ 5. 交流电流的测量

交流电流的测量方法与直流电流的测量方法基本相同，不过档位开关应该旋到交流档位。

> **特别提示**
>
> 测量电流的注意事项如下：
> ① 测量电流应该带负载，也就是要接上用电器进行测量。测量完毕后应将红表笔插回"V/Ω"孔，若忘记这一步而直接测电压，则会造成万用表损坏。
> ② 如果使用前不知道被测电流范围，应将功能开关置于最大量程并逐渐下降。
> ③ 如果显示器只显示"1"，表示超过量程，需将功能开关置于更高量程。
> ④ 最大输入电流为200mA，过量的电流将烧坏表内熔丝，应再更换；20A量程无熔丝保护，测量时不能超过15s。

★ 6. 电阻的测量

将黑表笔插入"COM"孔，红表笔插入"V/Ω"孔，把旋钮旋到"Ω"中所需的量程。用表笔接在电阻两端金属部位，测量时可以用手接触电阻，但不要用手同时接触电阻两端（因为同时测量了人体电阻），以免影响测量准确性。读数时，要保持表笔和电阻有良好的接触。电阻的测量如图1-55所示。

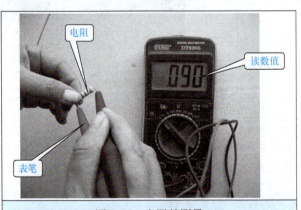

图1-55 电阻的测量

> **特别提示**
>
> 测量电阻的注意事项如下：
> ① 如果被测电阻值超出所选择量程的最大值，将显示过量程"1"，应选择更高的量

程，对于大于1MΩ或更高的电阻值，要几秒钟后读数才能稳定，这是正常情况。还要注意单位：在"200"档时单位是"Ω"，在"2k"到"200k"档时单位为"kΩ"，"2M"以上的单位是"MΩ"。

② 测量电阻时，由于电阻无正负极之分，表笔可任意放在电阻两端。

③ 当测量电路中的电阻时，要保证切断被测电路中的所有电源，否则会造成万用表损坏。

④ 测量电动机绝缘电阻用高阻档，任意相对地，电阻值越大，电动机绝缘性就越好；如果电阻值小或是0，说明电动机有问题。

⑤ 表笔接法：测量电阻时，直接用万用表的两根表笔接触被测电阻的两根引出线即可。但应注意两只手不要同时捏住表笔的两个铜头（见图1-56），这样做等于把手的电阻并联在被测电阻两端了，会大大影响测量准确性。

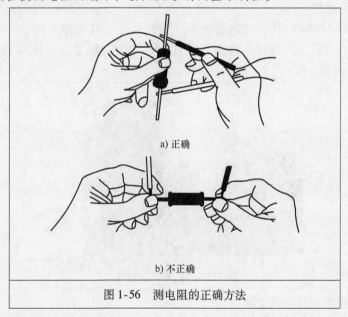

图1-56 测电阻的正确方法

★ 7. 电容的测量

连接待测电容之前，注意每次转换量程时，归零需要时间，有漂移读数存在不会影响测试精度。

先将功能开关置于电容量程F，然后将表笔与被测电容引脚并联，读取显示屏上的读数。电容的测量如图1-57所示。

> **特别提示**
>
> 测量电容的注意事项如下：
> ① 仪器本身已对电容档设置了保护，故在测量电容的过程中不用考虑极性。
> ② 测量大电容时，要对电容进行放电，读取读数时，稳定读数需要一定的时间。
> ③ 电容的单位换算为：$1\mu F = 10^3 nF$，$1\mu F = 10^6 pF$。

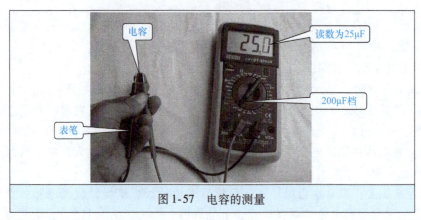

图 1-57　电容的测量

★ 8. 二极管测试及蜂鸣器挡的测量

（1）二极管测量技巧

将黑表笔插入"COM"孔，红表笔插入"V/Ω"孔（红表笔极性为"＋"），将档位旋钮置于"⯈|"档，并将表笔连接到待测二极管，读数为二极管正向压降的近似值。二极管的测量如图 1-58 所示。

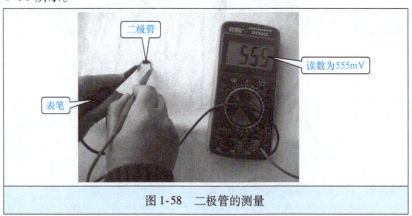

图 1-58　二极管的测量

（2）用蜂鸣器档测量导线通断

将档位旋钮旋到蜂鸣器测量的档位上，将红黑表笔放在要检查的导线两端，如果两端之间电阻值低于约 70Ω，内置蜂鸣器发声，表示导线相通，否则为导线断路。用蜂鸣器档测量导线通断如图 1-59 所示。

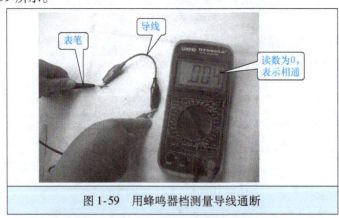

图 1-59　用蜂鸣器档测量导线通断

第一章 电动自行车维修工具、仪器和维修技巧

> **特别提示**
>
> 二极管测量及用蜂鸣器档测量的注意事项如下：
> 使用二极管档及蜂鸣器档进行测量时，应断开电源进行，否则会损坏万用表。

★ 9. 数字式万用表使用注意事项和保养

数字式万用表使用中要注意以下几点：

1）数字式万用表是一台精密电子仪器，不要随意更换线路。

2）不要在功能旋钮处于"Ω"和蜂鸣器档位置时，将电压源接入万用表。

3）在电池没有装好或后盖没有上紧时，请不要使用此表。

4）只有在测试表笔移开并切断电源以后，才能更换电池或熔丝。

5）更换表内蓄电池和熔丝管需在切断电源及终止所有测量工作后进行。

更换蓄电池方法：使用十字形螺钉旋具，旋出仪表背面后盖或蓄电池盖的螺钉，取下后盖或蓄电池盖，取出 9V 蓄电池，即可更换。更换表内 9V 蓄电池如图 1-60 所示。

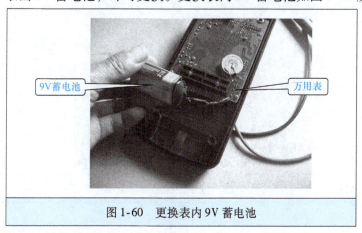

图 1-60　更换表内 9V 蓄电池

更换熔丝的方法：打开仪表后盖，熔丝位于仪表内电路板下方，取出用相同规格更换即可。

6）在测量过程中，绝对禁止旋转功能旋钮，以避免机内打火，损坏仪表。

7）禁止在测量高电压（220V 以上）或大电流（0.5A 以上）时换量程，以防止产生电弧，烧毁开关触点。

8）当显示"⊞"符号时，表示表内蓄电池电压低于工作电压，应更换万用表内 9V 蓄电池。

9）使用完仪表后，请切断电源。如果长时间不使用仪表，请将表内蓄电池取出。

★ 10. 万用表握笔的正确方法

握笔的正确方法是：如果单手操作测量，握笔的方法与握钢笔书写的方法相似，如图 1-61 所示；如果是双手操作测量，握笔的方法是双手分别各拿一个表笔，如图 1-62 所示。

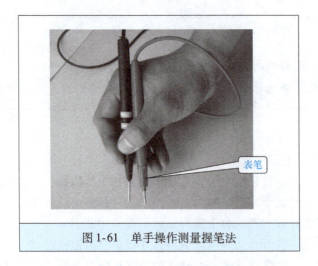

图 1-61 单手操作测量握笔法

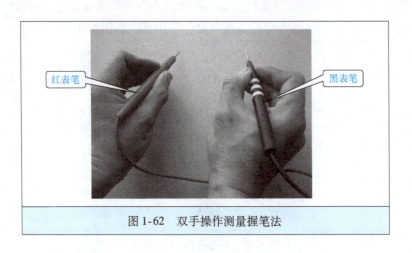

图 1-62 双手操作测量握笔法

(二) 蓄电池检测表使用技巧

★ 1. 概述

蓄电池检测表是一种便携式检测蓄电池的仪表,又称内阻表、安时表。它可以测量各种规格的汽车蓄电池和其他用途蓄电池的容量状态。蓄电池测试表表盘显示有"充足""正常""重充""放完"等,可直观对蓄电池做出质量判断。外壳下方由测试夹、触头等组成。此表可测试单只 6~12V 蓄电池。

蓄电池检测表外形如图 1-63 所示。

★ 2. 结构特点

本产品由直流电压表、负载电阻、外壳和测试夹、触头等组成,仪表标度盘标有各种蓄电池的容量状态指示,以白、绿、黄、红四种颜色分别表示"充足""正常""重充""放完"。仪表标度盘如图 1-64 所示。

★ 3. 技术参数

1) 被测蓄电池额定电压:2V、6V、12V。

2）被测蓄电池额定容量：2~150Ah。

3）外形尺寸：210mm×124mm×68mm。

4）质量：约0.82kg。

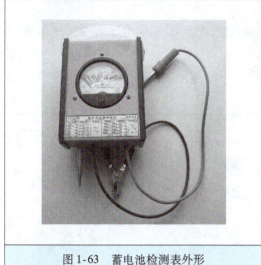

图1-63　蓄电池检测表外形

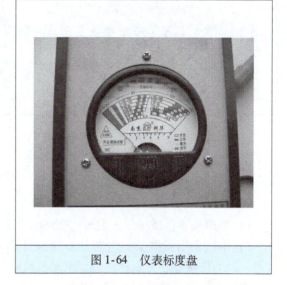

图1-64　仪表标度盘

★ 4. 使用技巧

使用前应先检查仪表指针是否指在标度盘左端的零位上，如不指在零位，可旋转表盖中部的调零器，使指针指在零位。

1）蓄电池测试。将仪表的夹子接蓄电池负极，红表笔接蓄电池正极，测试2V单格蓄电池时读视左端0~2.5刻度（数字表示伏特数）。

测试6V蓄电池时按不同的容量读视6V箭头所指的6条刻度（刻度旁数字系蓄电池的容量范围，如120Ah等）。测试12V蓄电池则按不同的容量读视12V箭头所指的5条刻度。测试12V蓄电池如图1-65所示。

当所测蓄电池的额定容量和仪表标度盘上所列有出入时，可选读相近的刻度。如测试150Ah蓄电池时，读视120（6V）或100~120（12V）刻度。

图1-65　测试12V蓄电池

2）开关检测。检查汽车上的各种开关质量时，将仪表和开关串接于蓄电池正负极间，将此时的指示刻度与撤去开关后的刻度（即分别在A、B点测量）相比，如相差3格刻度以上时表示开关质量不好。读视标度盘中下部的0~10刻度。

> **特别提示**
>
> 1）每次测试时间不得超过5s。
> 2）蓄电池液体不足时不能测试。
> 3）检测表左下端的小黑色夹子与大黑色夹子同为负极，测试时也可用该触头测量。
> 4）使用此表对蓄电池进行检测，必须当蓄电池容量在一半以下，或欠电压时测量才精确。

（三）无刷电动车综合检测仪使用技巧

下面以"绿盟"牌LM-2无刷电动车综合检测仪为例说明使用技巧。

★ 1. 概述

1）外形尺寸：15cm×9.5cm×7.5cm。

2）本机采用微电脑控制芯片，能够对转把、助力传感器、无刷控制器、电动机线圈、电动机霍尔元件进行检测，是维修电动车的必备工具。

LM-2无刷电动车综合检测仪外形如图1-66所示；外部连接线插件如图1-67所示。

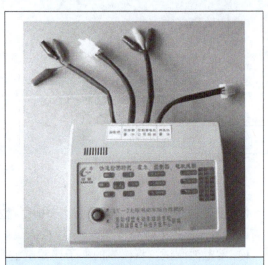

图1-66　LM-2无刷电动车综合检测仪外形

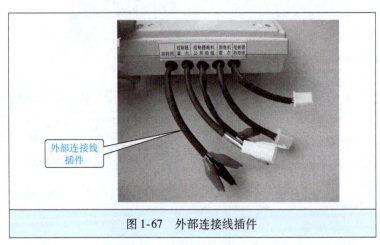

图1-67　外部连接线插件

★ 2. 转把、助力传感器的检测技巧

1）转把检测。连接被测转把时请先不要打开红色按钮，把被测转把上的三根线与仪器上的"测转把"连接，连接一定要确认好转把上的三根线，即红色接红色，黑色接黑色，绿色接其他一根，然后打开仪器红色按钮，缓缓转动转把，如果看到面板上是"测转把"

灯从不亮到渐渐变得最亮，说明这是一个正转，并且完好；如果灯从亮到不亮，则为反转把，并且完好。转把检测如图1-68所示。

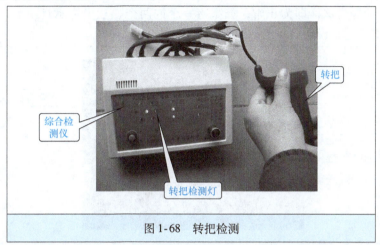

图1-68　转把检测

如果检测时，发现"测转把"灯一直亮，说明转把内霍尔元件击穿，若出现微亮，则说明转把内霍尔元件截止不彻底，不能使用。若调节转把，"测转把"灯一直没有变化，则说明转把内部磁铁脱落或者霍尔元件损坏。

2）助力传感器检测。检测助力传感器与检测转把的方法基本相同，把助力传感器三根线与面板的测转把三根线相连，然后转动脚蹬，会发现"测转把"灯不停地闪烁；若不亮或一直亮，则说明助力传感器与塑料磁盘有距离或者助力传感器内霍尔元件损坏。

★ 3. 无刷控制器检测技巧

（1）连接无刷控制器

1）将本仪器中"控制转把线"与控制器转把线连接。

2）将本仪器中"控制器霍尔线"与控制器霍尔线连接。

3）将本仪器中"电动机控制器公用相线"与控制器三根相线连接。

4）将本仪器中"控制器电源"与控制器供电电源连接（正负极不能接错）。

（2）无刷控制器检测

1）确认无刷控制器与本检测仪连接正确后接通电动车电源，此时观看面板中"控制5V"灯是否点亮，如果不亮，可断定控制器没有5V输出，则无刷控制器损坏；如果"控制5V"灯有规律地闪烁，则可以断定控制器5V输出正常，可进行下一步操作。

2）顺时针慢慢旋转转把，此时观察检测仪面板左侧HA、黄、HB、绿、HC、蓝这六个灯（HA、黄为一组，HB、绿为一组，HC、蓝为一组）是否交替闪烁；如果灯都不亮，说明无刷控制器已经损坏；如果一组灯不亮，则说明无刷控制器上与该灯对应的相线没有输出（仪器引出线与面板所标颜色相对应），需要检修无刷控制器对应部分（一般为MOS管损坏）；如果三组灯有规律地交替闪烁，则说明无刷控制器正常。

无刷控制器检测如图1-69所示。

★ 4. 检测无刷电动机的故障及自动识别相位角、相位的操作技巧

（1）电动机绕组检测

用本测试仪的"电动机控制器公用相线"的三只夹子分别连接电动机引出的三根相线

（通常电动机引出线为蓝、绿、黄粗线），无须考虑颜色和顺序，可以随意连接，然后顺时针转动电动机（沿电动车正常的前进方向转动），可以看到测试仪上第一排三个指示灯（LED）点亮且闪烁，这样即为正常；如果有一个或两个、三个指示灯不亮，即为有故障，其中哪个指示灯不亮，说明这一组绕组有故障或者接触不良。

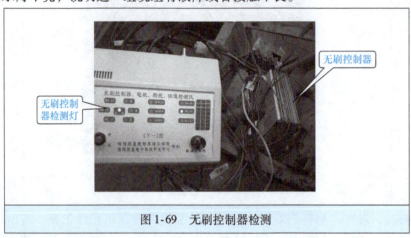

图 1-69　无刷控制器检测

（2）电动机霍尔检测

用本测试仪的六芯插头连接好电动机的六芯插件（电动机的五根细线，颜色为红、黑、蓝、绿、黄），除了红、黑必须正确连接以外其他可以随意连接，然后缓缓顺时针转动电动机（沿电动车正常的前进方向），可以看到测试仪的第二排三个指示灯（LED）交替发光，说明电动机霍尔正常；如果有一个、两个或三个指示灯一直不亮或者一直亮，说明这一组霍尔有故障或者接触不良。电动机霍尔检测如图 1-70 所示。

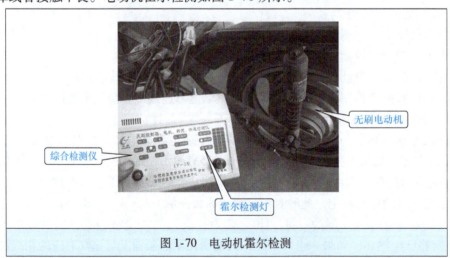

图 1-70　电动机霍尔检测

（3）电动机相位角检测

用本测试仪的六芯插头连接好电动机的六芯插件（电动机的五根细线，颜色为红、黑、蓝、绿、黄），除了红、黑必须正确连接，其他引线可以随意连接，然后观察仪器上的 60°指示灯，灯亮为 60°电动机，灯不亮为 120°电动机（不需转动电动机）。

（4）电动机相序检测

1）60°电动机。用本测试仪的六芯插头连接好电动机的六芯插件（电动机的五根细线，颜色为红、黑、蓝、绿、黄），除了红、黑必须正确连接以外，其他引线可以随意连接，然后缓缓顺时针转动电动机（沿电动车正常的前进方向转动），可以看到测试仪的第二排三个指示灯（LED）交替发光，如果从左到右 HA、HB、HC 三个指示灯状态变化为 100～110～111～011～001～000 六个状态循环，若三个指示灯状态变化顺序相反，则随意调换黄、绿、蓝中的任意两根引线（此时如果缓缓顺时针转动电动机，可以发现从左到右 HA、HB、HC 三个指示灯状态变化为正确状态，顺序为 100～110～111～011～001～000 六个状态循环），此时记住测试仪蓝、绿、黄三根细线的正确顺序状态对应电动机的三根细线的颜色顺序，此颜色顺序即为霍尔 HA、HB、HC 的相序。

2）120°电动机。用本测试仪的六芯插头连接好电动机的六芯插件（电动机的五根细线，颜色为红、黑、蓝、绿、黄），除了红、黑必须正确连接以外，其他引线可以随意连接，然后缓缓顺时针转动电动机（沿电动车正常的前进方向），可以看到测试仪的第二排三个指示灯（LED）交替发光，如果从左到右 HA、HB、HC 三个指示灯状态变化为 100～110～111～011～001～000 六个状态循环，若三个指示灯状态变化顺序相反，则随意调换蓝、绿、黄中的任意两根引线（此时如果缓缓顺时针转动电动机，可以发现从左到右 HA、HB、HC 三个指示灯状态变化为正确状态，顺序为 100～110～010～011～001～101 六个状态循环），此时记住测试仪黄、绿、蓝三根细线的正确顺序状态对应电动机的三根细线的颜色顺序，此颜色顺序即为霍尔 HA、HB、HC 的相序。

(5) 绕组相序检测

通过以上检测，已经知道霍尔 HA、HB、HC 相序，颜色顺序完全一致，因此绝大多数厂家的电动机绕组相序和霍尔相序颜色已经确定。但是有的电动机厂家的电动机绕组相序和霍尔相序颜色顺序不一致（有的相反，有的完全没有规律），那么只要将该被测电动机与标准控制器相连接。因为已经知道霍尔 HA、HB、HC 相序颜色顺序，那么先将霍尔 HA、HB、HC 与标准控制器正确连接，再通过最多六次的不同接法（改变绕组线粗蓝、粗绿、粗黄）来判断电动机绕组顺序（正确时电动机运转平稳，无噪声，空载电流较小，一般不超过 1A）。这样所有厂家的电动机绕组相序和霍尔相序颜色顺序就可以确定了。

> **特别提示**
>
> 1）使用时，请不要用力拉拔本测试仪的插头线。
> 2）请不要放置在高温的地方。
> 3）尽量不要让测试仪导线沾染油腻等腐蚀性物品。
> 4）无辨别能力的人和小孩禁止操作仪器。
> 5）本说明中的"0"表示关或不亮，"1"表示开或亮。
> 6）仪器不用时请关闭仪器上的开关，使用时打开开关（测量电动机绕组时无须打开开关，只有在测量电动机霍尔和电动机相位时才需要打开开关）。

(四) 投币式电动车快速充电站使用技巧

下面以"绿盟"牌 LM-2 路投币式电动车快速充电站为例说明其使用技巧。

LM-2 路投币式电动车快速充电站外形如图 1-71 所示。

⭐ 1. 产品概述

1）投币式电动车快速充电站是一款具有液晶显示，充电过程全程语音提示，以及 LED 显示模块的快速充电设备。该设备适用于为电动自行车、电动三轮车、电动汽车铅酸蓄电池快速充电，可同时对 2 辆电动车进行快速充电。投币一元充电时间 10min，骑行 15~20min，耗电 0.1kWh，快速有效解决电动车中途没电的困难。

2）该充电站无须专人值守，是适合商场、报亭、小区、电动车维修部、蓄电池维修部的便民服务设施；具有设备小，耗电省，回报好的优点。

图 1-71 LM-2 路投币式电动车快速充电站外形

⭐ 2. 性能特点

1）设备采用单片机智能控制设计，使用简单，到时报警、自停。
2）电路采用自动极性转化，无须担心电池极性问题。
3）自动电压识别，并根据蓄电池电压自动调整充电参数，保证蓄电池寿命和安全。
4）充电时间倒计时显示。
5）采用国际先进的脉冲充电技术（马斯充电曲线），充电＋修复＋维护。
6）内置风扇，以帮助散热，提高设备的稳定性。
7）充电过程全程语音提示，有结束提示，完全智能化。
8）具有充电时间、电压、电流显示功能，使用方便。
9）总投币计数保存，方便管理。
10）机箱采用汽车喷漆涂层，机箱边槽防水设计。

⭐ 3. 技术指标

1）外形尺寸：50cm×32cm×10cm，质量 12kg。
2）充电路数：2 路。
3）输入交流电压：220V±20V。
4）交流熔断器：15A。
5）蓄电池充电电压：80V/72V/60V/48V/36V 自动识别。
6）单路最大输出电流：10A。
7）空载功率：8W，最大功率：1000W。
8）设有保险装置，具有过载保护功能。
9）安装使用方便，具备 220V 交流电源即可安装。
10）具有识别真假币、防钓币、防伪币功能。

第一章　电动自行车维修工具、仪器和维修技巧

11）一次最多投币 10 枚，如果需再次充电，需等本次充电结束后方可再次投币。

★ 4. 蓄电池充电电压参数

1）45V（36V 电动车）。

2）60V（48V 电动车）。

3）75V（60V 电动车）。

4）85V（72V 电动车）。

★ 5. 使用方法

1）使用前请仔细阅读产品说明书，了解机器的各项功能和参数。

2）接通 220V 交流电源，打开电源开关，投币器上方显示屏显示"00.00"。

3）请将充电线插入电动车充电插头，显示屏上方显示电池电压，下方显示充电时间，语音提示："请投币。"

4）从投币口投入一元硬币，语音提示："现在正在充电，请稍候。"充电站开始工作，此时时间显示屏倒计时。

5）等时间归零后，机器自动断开充电电源，充电结束后，语音提示："充电已完成，请断开连接线"，即可拔下电池连接线。

6）显示屏下面有个黑色按键，按一次显示充电电流，再按一次显示总投币数，再按一次回到初始状态。

> **特别提示**
>
> 1）充电站不接蓄电池工作时，输出端子无电压。
>
> 2）单路每次充电完毕后，必须等电压表归零后，再进行第二次充电，以免造成仪器损坏。如果充电中途中断充电，应关闭总电源开关，然后再打开，才能进行下次充电。
>
> 3）充电站只能作为应急补充充电，不能作为日常充电使用。
>
> 4）外接电源插座时，应选用 2.5mm^2 以上的电源线。
>
> 5）当电动车蓄电池组有故障或蓄电池损坏时，充电站将不能正常工作。
>
> 6）充电站充电插头是易损件，不在保修范围内。如插头损坏，用户需自行购买。由于电动车充电插头没有统一标准，造成充电插头大小不一致，充电插头可能会出现接触不良或插不紧等情况，充电时应注意。如出现损坏，应及时更换新插头。
>
> 7）由于充电站脉冲电流较大，机箱内的继电器是易损件，如有损坏，应更换同型号，继电器的型号为 JQX – 13F，线圈电压为 DC 12V，有 8 个引脚。
>
> 8）温馨提示：为了您和顾客的安全，使用前请接好地线再开始使用。
>
> 9）严禁雨淋，禁止在过度潮湿的环境中使用，设备上方或周围禁止放置有液体的器皿。

（五）蓄电池容量精密检测仪使用技巧

下面以"绿盟"牌 LM – 5 蓄电池容量精密检测仪（简称放电仪）为例说明使用技巧。

LM-5蓄电池容量精密检测仪外形如图1-72所示。

★ 1. 概述

LM-5蓄电池容量检测放电仪采用精密电子电路,可同时对4只12V蓄电池进行5A、7A、8.5A、10A电子恒流放电检测,精确度高,安全可靠,使用方便,并可对蓄电池进行深放电到0V。例如,用户对新出厂的12V/10A蓄电池进行5A检测,正常可放电120min,用户可以此对比判断蓄电池容量。

图1-72 LM-5蓄电池容量精密检测仪外形

★ 2. 技术参数

1) 输入电压:220(1±10%)V。
2) 检测蓄电池电压:12V。
3) 检测蓄电池容量:10~24Ah。
4) 放电电流设定:5A、7A、8.5A、10A。
5) 电压显示:00.00~99.99V。
6) 电压显示精度:±0.1V。
7) 放电截止电压:10.5(1±0.1)V。
8) 外形尺寸:570mm×400mm×200mm。
9) 机箱交流熔断器:220V/3A。

★ 3. 仪器使用技巧

1) 接通220V电源,打开电源开关,红色"电源指示灯"点亮,这时4路数字电压表同时点亮,分别显示"00.00"。

2) 把仪器附件中所带的输出连接线一端与仪器输出端子接好,红线(正极)接仪器上的红色端子,蓝(黑)线(负极)接仪器上的黑色端子(注意正负极不可接反)。另一端与需要检测的单只12V蓄电池连接好,红线接蓄电池的正极,蓝(黑)线接蓄电池的负极。

3) 转动放电波段调节开关,选择放电电流安数。12V/10~12Ah蓄电池选5A放电;12V/14Ah蓄电池选7A放电;12V/17Ah蓄电池选8.5A放电;12V/20Ah蓄电池选10A放电。

4) 蓄电池放电截止电压为10.5(1±0.1)V,当被检测的蓄电池电压下降到10.5V时,微电脑报警器发出报警,记录放电时间后,蓄电池检测即可终止(如用户关闭报警开关仍可继续放电)。

5) 放电完毕后,务必先转动放电调节开关到"关"停止放电,再拔下蓄电池一端连线,然后切断电源,拔下电源插头。

LM-5蓄电池容量精密检测仪工作图如图1-73所示。

★ 4. 蓄电池容量计算公式

放电时间(h)×放电电流(A)=蓄电池容量(Ah)。例如:如果蓄电池外壳标称容量为10Ah,放电2h,放电电流设定为5A,那么检测的蓄电池容量为2h×5A=10Ah。

第一章　电动自行车维修工具、仪器和维修技巧

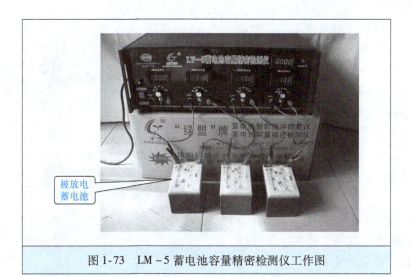

图 1-73　LM-5 蓄电池容量精密检测仪工作图

> **特别提示**
>
> 1）本仪器为精密电子仪器，要放置在通风良好的桌面上使用。
>
> 2）蓄电池在检测过程中会放出热量，仪器的后面板要距离墙不少于 20cm。仪器侧面的散热孔不能被堵住，以免影响通风散热，造成仪器损坏。
>
> 3）仪器使用时先打开电源开关，待蓄电池夹好后，再打开放电开关。仪器不用时，应先关闭放电开关，再关闭电源开关，严禁带电插拔蓄电池连线，以免造成机器损坏。
>
> 4）所检测蓄电池电压必须与机器额定电压一样，并且机器连线与蓄电池的正负极接线应正确，否则，蓄电池容量精密检测仪无法正常工作并导致电路损坏。
>
> 5）使用时应严格按操作说明进行，严禁正负极接反，严禁多只蓄电池串联使用，否则会造成仪器损坏。

（六）蓄电池修复仪使用技巧

下面以"绿盟"牌 LM-9 蓄电池检测修复组合柜为例进行说明。

★ 1. 产品概述

本修复仪智能控制产生的正负脉冲波，可以同时对 6 组蓄电池进行修复。只需 1~2 天时间（具体时间取决于电池容量和硫化程度），便可清除电池极板硫化物，修复率可达 95%以上，同时可对 6 只 12V 蓄电池进行精密恒流放电检测。

蓄电池检测修复组合柜是专为蓄电池维护和维修店、电动车经销商、电池经销商、售后服务使用而生产的一款综合中型检测修复系统。本机功能完善先进，真正地从蓄电池的维修原理着手，从根本上延长了蓄电池的寿命，是蓄电池维修行业的理想配套设备。

LM-9 蓄电池检测修复组合柜外形如图 1-74 所示。

★ 2. 适用范围

本仪器主要适用于修复电动车、电动摩托车、电动三轮车、电动汽车、不间断电源（UPS）等 10~200Ah 铅酸蓄电池；对容量降低、寿命将近终止的蓄电池进行修复，清除不可逆硫酸盐化，延长蓄电池寿命，提高蓄电池的工作状态。

★ 3. 技术参数

1）交流输入 220（1±10%）V、50Hz。

2）整机工作效率≥95%。

3）第一层放电检测。可对 6 只 12V 蓄电池进行精密恒流放电检测，具有放电电流 5A/10A 可调及 10.5V 报警功能。

4）第二层蓄电池修复。

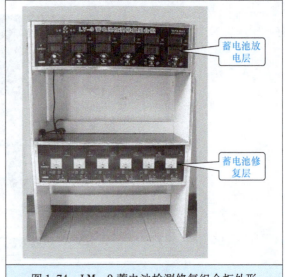

图 1-74 LM-9 蓄电池检测修复组合柜外形

① 左起第 1 路设两路开关，一个开关打开时修复电流约 3A，2 个开关同时打开时修复电流约 6A，可对电压 48V、36V、24V、12V/12~100Ah 蓄电池进行修复，机器自动识别。

② 左起第 2 路、3 路、4 路、5 路电压 48V，修复电流约 3A，可对 48V、36V、24V、12V/12~20Ah 蓄电池进行修复，机器自动识别。

③ 左起 6 路电压 48V，修复电流约 10A，可对 48V/100~200Ah 大蓄电池进行修复。注意：此路只能修复 48V 电池组，否则会造成机器损坏。修复时间按电池容量和修复电流定时设置，到时自停。大蓄电池修复前必须加入适量修复剂。

5）冷却方式：直通风冷结构。

6）外形尺寸：900mm×350mm×900mm（长、宽、高）。

7）交流熔断器：220V/10A。

8）直流防反接保护熔断器第 1 路为 10A；第 2 路、3 路、4 路、5 路为 5A；第 6 路为 15A。

9）输入、输出双回路熔断器。

10）数码显示充电时间，自行定时，到时自停。

★ 4. 产品主要原理

铅酸蓄电池修复仪采用电子扫频谐振式复合正负脉冲波和微充电电流，不间断地发出特定频率、特定波形的电脉冲波，用以清除极板上的硫化物结晶，并防止新的硫化物结晶产生。微充电电流用以补偿电池自放电损耗。电脉冲波能够使硫酸铅结晶体化为细小晶体，使其能够正常地参与充放电的电化学反应，彻底地解决了电池的不可逆硫酸盐化问题。

★ 5. 放电检测

1）接通 220V 电源，打开电源开关，红色"电源指示灯"点亮，这时 6 路数字电压表同时点亮，分别显示"00.00"。

2)把仪器附件中所带的输出连接线一端与仪器输出端子接好,红线(正极)接仪器上的红色端子,黑线(负极)接黑色端子。另一端与需要检测的单只12V电池连接好,红线接电池的正极,黑线接电池的负极。特别注意:如果连线与电池的正负极接反,修复仪无法正常工作并导致电路损坏。

3)转动放电波段调节开关,选择放电电流安数。例如:12V/10~12Ah电池选5A;12V/14Ah电池选7A;12V/17Ah电池选8.5A;12V/20Ah电池选10A。

4)蓄电池放电截止电压为10.5(1±0.1)V,当被检测的电池电压下降到10.5V时,微电脑报警器发出报警,电池检测即可终止(如用户关闭报警开关,仍可继续放电)。

5)放电完毕后,务必先转动放电调节开关到"关"停止放电,再拔下电池一端连线,然后切断电源,拔下电源插头。

★ 6. 蓄电池修复技巧

下面以LM-9多功能蓄电池检测修复组合柜对一组超威48V、12Ah蓄电池修复为例说明修复技巧。

(1)修复前蓄电池检测

1)检测到有外观变形鼓包、漏液、极头损坏、电解液发黑的蓄电池不能修复,应报废处理。另外,杂牌蓄电池、修复过的蓄电池不能修复。

2)用万用表检测单只蓄电池电压,电压低于10.5V的应报废处理。如果蓄电池电压正常,用蓄电池容量检测表对蓄电池进行检测,如果有断格、短路的蓄电池也应报废处理。用万用表检测蓄电池电压如图1-75所示;用蓄电池容量检测表对蓄电池进行检测如图1-76所示。

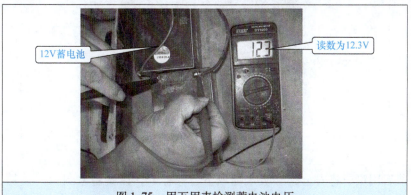

图1-75 用万用表检测蓄电池电压

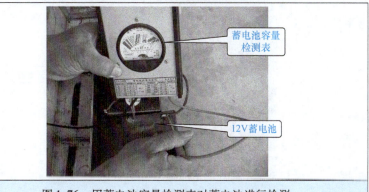

图1-76 用蓄电池容量检测表对蓄电池进行检测

（2）开盖

蓄电池上盖有两个小孔，这种蓄电池是用PVC胶粘的，可以用小号一字形螺钉旋具打开上盖。将一字形螺钉旋具顺着小孔平行推入上盖，将所粘接的胶推开，注意打开时不要损坏上盖，等上盖脱离后取下上盖。打开蓄电池上盖如图1-77所示；打开上盖后的蓄电池如图1-78所示。

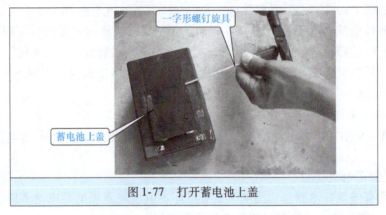

图1-77　打开蓄电池上盖

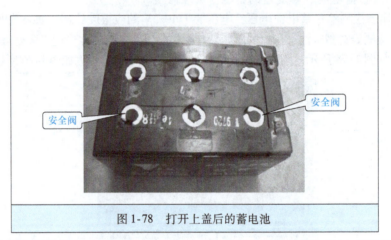

图1-78　打开上盖后的蓄电池

打开上盖后用镊子将安全阀和吸水棉取下，保存好，以备将来封口时使用，如图1-79所示。

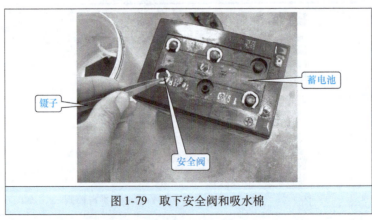

图1-79　取下安全阀和吸水棉

(3) 加水

用注射器加入补充电解液,加到从阀孔处能看到电解液即可。加水的作用是补充蓄电池内电解液的不足和防止修复时将蓄电池充坏。加入补充电解液如图 1-80 所示。

(4) 初始容量检测和零放电

插上仪器的电源线,打开电源开关,数字仪表显示"00.0V",说明仪器起动正常。将红色鳄鱼夹接蓄电池正极,黑色鳄鱼夹接蓄电池负极,连接正确后,仪器上数字电压表显示在线蓄电池电压,此时显示的为已连接蓄电池的空载电压。首先向上拨动打开报警方开关,然后转动电流选择开关,放电检测电流选为 5A,仪器开始放电检测,蓄电池电压开始下降,当放电到 10.5V(蓄电池容量放电截止电压)时,报警器鸣响,用记号笔记录初始放电时间。这时向下拨动关闭报警方开关,仪器仍可继续放电,将蓄电池深放电到 2~3V。蓄电池放电检测如图 1-81 所示。

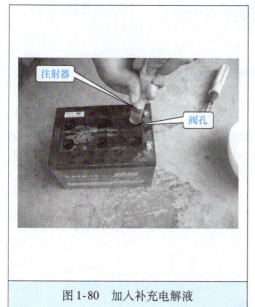

图 1-80 加入补充电解液

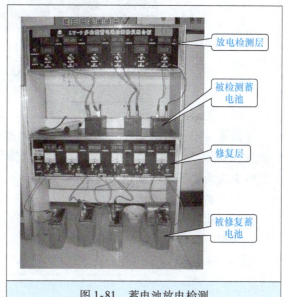

图 1-81 蓄电池放电检测

(5) 修复充电

将放电到 3V 的蓄电池马上从检查端取下,串联好后将电池放入修复层。将蓄电池按说明书的要求,分别夹红、黑接线柱,打开修复开关,仪表上显示修复电流,修复时间为 10~12h,如图 1-82 所示。

(6) 再次检测

修复充电时间到后,将蓄电池重新接入检测放电端子,进行放电检测,到 10.5V 时报警器鸣响,停止检测,记录放电时间。4 只蓄电池放电基本都在 100min 左右,说明蓄电池容量已达 85%,可以使用。这次检测的目的一是与初始容量进行对比,二是为蓄电池配组提供依据。

(7) 再次修复充电

将达到放电时间后的蓄电池夹入修复端子,重新修复充电 10~12h。

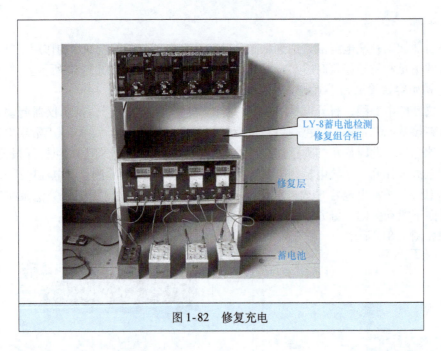

图1-82 修复充电

（8）封口

修复时间到后，让蓄电池晾1~2h，等蓄电池降温后，将蓄电池口向下，倒出多余的电解液，如图1-83所示。擦净上盖，将吸水棉和安全阀复原。用PVC胶将上盖封好，注意不要将上盖的排气槽堵塞，如图1-84所示。

（9）配组装车

等万能胶晾干后，将电压差不超过0.1V、放电时间不超过5min的蓄电池焊接串联成一组，装车。焊接蓄电池如图1-85所示。

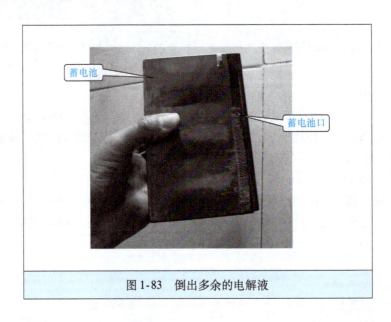

图1-83 倒出多余的电解液

第一章 电动自行车维修工具、仪器和维修技巧

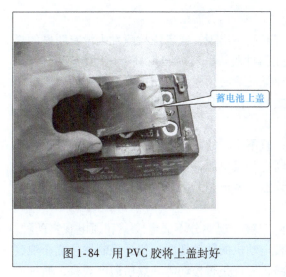

图 1-84 用 PVC 胶将上盖封好

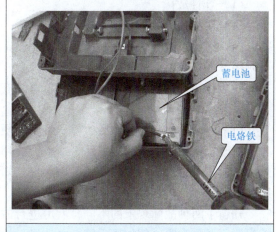

图 1-85 焊接蓄电池

第三节 电动自行车故障诊断步骤与排除技巧

一、电动自行车故障诊断步骤

一般情况下,电动自行车维修分两步进行,第一步是查找故障,第二步是排除故障。而维修的前提和关键是迅速查找故障,如同病人到医院治病,先找出病因,确诊后,才能进行治疗。

具体故障诊断步骤如下:

1. 询问用户

维修前的第一件事就是询问用户电动自行车产生故障的时间及故障现象,用户是否自己或找人检修过,电动自行车购买的时间、工作的环境等。通过询问用户,获得第一手的维修资料,将会给分析判断故障提供依据。

2. 保证维修安全

维修时的安全工作是非常重要的,也是维修前的必要工作。用户推来一辆故障车,维修人员首先要观察电源锁是否关闭,如果没有关闭,应先关闭电源锁。然后将电动自行车大支架支起,保证支稳,然后才能进行检修。

 专家指导

初学维修人员由于缺少维修经验,用户推来一辆故障车,不询问用户就去维修,这样盲目维修,极易出现误判。另外,在没有保证维修安全的前提下就去维修,极易出现事故,这也是初学维修人员常犯的错误。

3. 观察故障现象

可把电动自行车的故障现象归纳为软性故障和硬性故障。

(1) 软性故障

所谓软性故障，指的是故障有时候出现，有时候不出现，或者说故障发生没有明显的规律可循。例如控制器附近线束插件或控制内部元器件脱焊，有时接触好，电动机正常运行；有时接触不好，电动机就会不转或转动无力。此类故障必须先分析相关涉及的方面，测量相关的参数，如果一时无头绪，则最简单也最有效的方法就是采用更换法排除故障。

(2) 硬性故障

所谓硬性故障，是指此类故障一旦发生便一直不变，故障范围不扩大、不转移，故障现象不更改。例如断电刹车把损坏，造成无法切断电动机电源，更换一只新刹车把即可，此类故障比较容易维修，一般只要了解一点理论知识能先做出判断后换配件，便可提高维修的速度和效率。

知道了两种故障现象的不同，就可进行故障观察。观察分不通电观察和通电观察两种。首先要不通电观察，例如用手转动电动机，检查电动机的转动情况。找到控制器位置，观察控制器附近线束和插件是否烧坏，线束是否短路，插件是否松动等。然后通电观察，通过询问用户，可以知道电动自行车或充电器是否可以通电试验，例如打开电源锁，观察仪表上的电量显示是否正常，转动转把，观察电动机是否旋转等。

(3) 确定故障范围

根据故障现象，判断出引起故障的各种可能原因，然后用万用表检测故障部件并根据测量结果，确定部件是否损坏。

二、电动自行车故障维修方法 ★★★

★ 1. 电动自行车的故障现象观察法

故障现象是故障的直接表现，在熟悉电路结构和特点的情况下，才能熟练地运用故障现象观察法对各种电路故障进行分析检查，确定故障部位，甚至可以直接找到故障点。例如，转把与刹车线是否断路，这些故障可以通过观察故障现象很快找到故障部位；又如，整车是否有电，可以打开电源锁，通过观察仪表上的电量指针做出判断。观察仪表如图1-86所示。

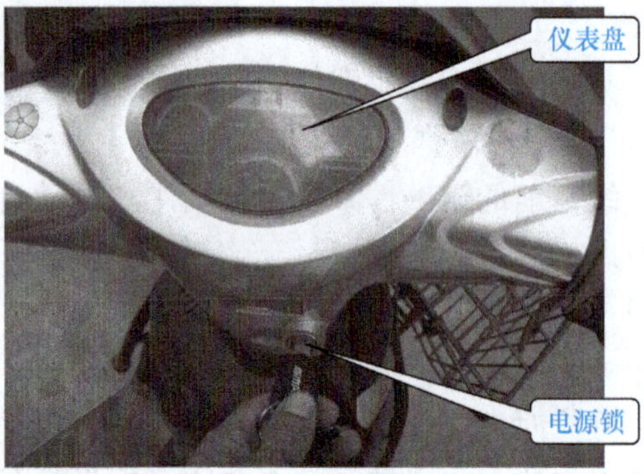

图1-86 观察仪表

★ 2. 测量电动自行车的关键点

判断出大致的故障范围后，可以通过测量关键点的电压、电流，与正常时的工作电压、电流进行对比，来进一步缩小故障范围。这一点至关重要，也是维修的难点，要求维修者平时应多积累技术资料和数据。关键点主要是指电动自行车的供电或输出部分的节点，例如，测量蓄电池盒的插座电压，测量控制器的供电端，测量控制器的5V输出端，测量控制器的输出端等。测量蓄电池盒的插座电压如图1-87所示。

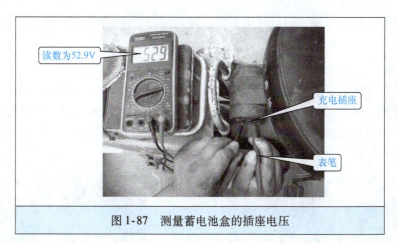

图 1-87 测量蓄电池盒的插座电压

★ 3. 测量工作电压

测量电压是维修电动自行车的常用维修方法，由于电动自行车使用直流电源，所以我们常测量直流工作电压。在维修实践中经常测量的是电路或元器件的工作电压，以此对故障部位和元器件进行判定。首先就是用万用表的直流电压档检查其电压有无或大小，然后再与正常状态下所测数值来进行比较，以此来判断该电路的工作是否正常。例如，测量转把的 5V 供电，测量转把的信号输出电压，测量刹把的刹车信号电压等。测量转把的 5V 供电如图 1-88 所示。

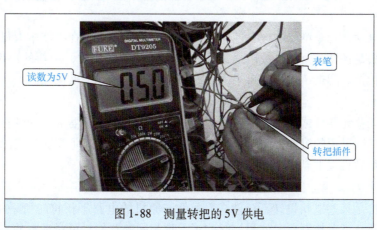

图 1-88 测量转把的 5V 供电

★ 4. 测量电流

测量电流也是维修电动自行车的常用方法之一。例如，测量电动自行车电动机的空载电流，如果其电流和正常值相比变化很大，那就说明电动机有问题，就可对症下药，对电动机进行重点检查。

★ 5. 测量通断

测量通断也是维修电动自行车的常用方法之一。主要是测量电路的通断，以此做出判断。例如，用万用表蜂鸣器档测量连接导线的通断十分方便快捷。

★ 6. 振动法

振动法也是维修电动自行车很有效的方法之一，特别是检查虚焊和接触不良等引起的故障。其方法是，用绝缘体，例如螺钉旋具手柄，在加电或不加电的情况下，对有可能出问题的部位进行敲打和按压，就可较容易地发现虚焊和接触不良等故障。用振动法检查控制器如图1-89所示。

★ 7. 摸温法

摸温法就是直接用手去摸（应注意安全）被怀疑的元器件，根据其温度的异常变化等现象来发现问题，可很快地判断出问题所在。这种方法可快速检查电动自行车四大件的好坏。例如用手摸电动机或控制器，判断其是否有故障，如果工作正常，用手摸应有温感，如果烫手，说明有故障。手摸控制器如图1-90所示。

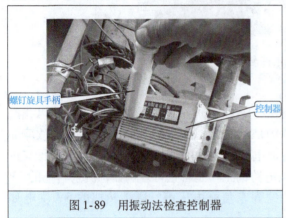

图1-89 用振动法检查控制器　　　　图1-90 手摸控制器

★ 8. 代换法

代换法是电动自行车维修中经常使用而又行之有效的方法，在维修中大量采用此法，方便快捷。代换法是怀疑某个部件故障而又不易测试其性能好坏时，用新的部件代换。例如，电动自行车的转把、闸把、控制器可采用代换法，是否损坏，一换便知。

★ 9. 拆除法

拆除法是某些元器件或配件在电路中起辅助性作用，这些元器件或配件在电动自行车电路中可有可无时所采用的维修方法。例如，刹车把在检查故障时可暂时先去除，缩小故障范围，等故障排除后再接上刹车把。

★ 10. 修改电路法

修改电路法是某些电路设计不合理或因配件与原机的电路不相符时所采用的维修方法。例如在更换电动自行车控制器时如果一时购买不到相同的器件，可对现有的控制器进行改造使用。但修改电路时必须熟悉电路原理与结构。

三、电动自行车故障维修技巧 ★★★

电动自行车维修应遵循以下原则。

★ 1. 最小化原则

电动自行车维修应遵循最小化原则，不要将简单的问题复杂化。简单的问题本身已最小化，复杂的问题要抓住问题的关键点，找到解决问题的突破口。

★ 2. 先易后难原则

电动自行车维修应遵循先易后难原则，具体地说就是先检修小故障，再检修大故障，可能有些小故障就是造成大故障的原因。例如一辆故障车，转动转把电动机不转，显示部分的

第一章　电动自行车维修工具、仪器和维修技巧

工作也不正常，则先可以断开显示部分，只连接电动机、蓄电池与控制器即可，测量参数分析原因，等电动机正常运行了，再检查显示部分。

四、电气四大件故障的快速诊断技巧 ★★★

★ 1. 充电器故障的快速诊断技巧

1) 检查充电器及外部连线是否断路，是否有异味和烧坏痕迹。
2) 将充电器接通交流电，观察充电器的指示灯是否正常。
3) 将充电器接通交流电，用万用表直流电压档测量充电器的空载电压是否正常（36V 充电器空载电压正常为 42V 左右；48V 充电器空载电压正常时为 56V 左右；60V 充电器空载电压正常时为 72V 左右），如与正常值不符，则说明充电器损坏。48V 充电器空载电压测量如图 1-91 所示。

扫一扫看视频

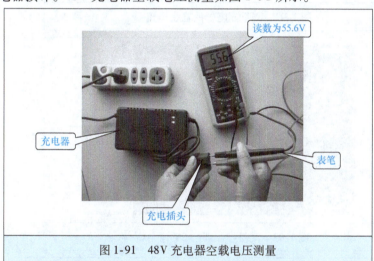

图 1-91　48V 充电器空载电压测量

专家指导

目前市场上有一种弱电压型充电器，此种充电器不插蓄电池充电时，测量输出插头无电压，在该充电器外壳上都有说明，维修人员应注意，以免造成误判。

4) 测量充电器的输出电流是否与额定电流值接近。48V/12Ah 充电器的输出电流为 1.8A 左右；48V/20Ah 充电器的输出电流为 2.8A 左右。测量充电器的输出电流如图 1-92 所示。

★ 2. 控制器故障的快速诊断技巧

1) 控制器及外部连线是否有异味和烧坏痕迹，控制器外壳是否烫手。
2) 打开电源锁，用万用表直流电压档测量控制器是否有 5V 电压输出给转把供电，否则说明控制器损坏，如图 1-93 所示。
3) 如果是有刷控制器，旋动转把，用万用表测量控制器输出端是否输出直流电压，若无电压，说明控制器损坏，如图 1-94 所示。

扫一扫看视频

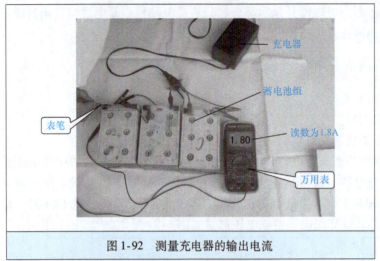

图 1-92 测量充电器的输出电流

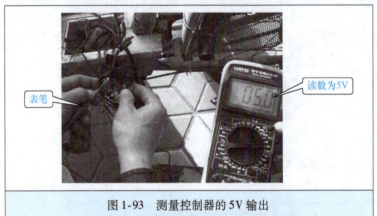

图 1-93 测量控制器的 5V 输出

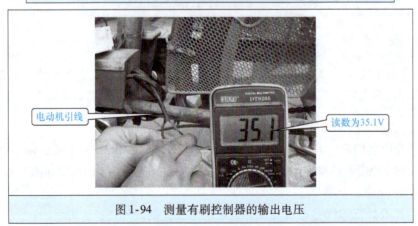

图 1-94 测量有刷控制器的输出电压

4）如果无刷控制器烧坏，用手转动电动机会感到阻力很大；如果断开控制器后，电动机转动正常，说明控制器烧坏。用手转动无刷电动机如图 1-95 所示。

5）如果是无刷控制器，控制器供电，刹把、转把、电动机霍尔元件正常，测量控制器给电动机供电的粗蓝、粗绿、粗黄引线的任意两根，应有 0～38V（48V 电动车）的交流电压，否则说明控制器损坏。测量无刷控制器输出如图 1-96 所示。

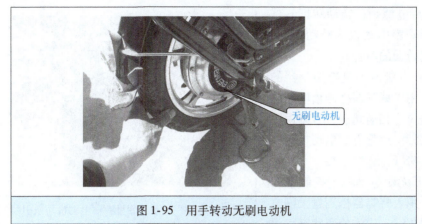

图 1-95　用手转动无刷电动机

图 1-96　测量无刷控制器输出

6）对于无刷控制器，还有更简便的判断方法：选用万用表的二极管档，用红表笔接控制器的黑色负极线，红表笔依次测量无刷控制器的粗蓝、粗绿、粗黄3根相线，读数应都在510mV左右（因型号不同读数不同），否则说明控制器损坏。无刷控制器简便检测方法如图1-97所示。

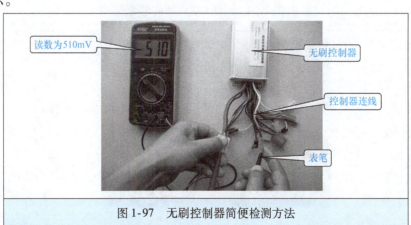

图 1-97　无刷控制器简便检测方法

★ **3. 电动机故障的快速诊断技巧**

1）不通电，用手转动电动机试验，有刷电动机应为前转轻、后转有阻力；无刷电动机前、后转均较轻，否则说明电动机有故障。

2）打开电源锁，转动转把，试转电动机，观察电动机的转动情况，聆听电动机转动的声音。

3）断开有刷电动机与控制器的连线，用万用表蜂鸣器档测量电动机的两条引线应为相通状态，否则说明电动机有故障。测量有刷电动机两条引线如图1-98所示。

4）断开无刷电动机与控制器的连线，用万用表蜂鸣器档测量无刷电动机的3条相线，应为相通状态，否则说明电动机相线有故障。测量无刷电动机相线如图1-99所示。

图1-98 测量有刷电动机两条引线

5）如果是无刷电动机，用万用表二极管档测量电动机的霍尔引线，红表笔接霍尔元件的负极，黑表笔分别接霍尔元件的蓝、绿、黄3根引线，读数应都在665mV左右，否则说明电动机霍尔元件损坏，如图1-100所示。

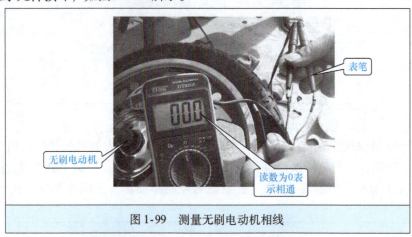

图1-99 测量无刷电动机相线

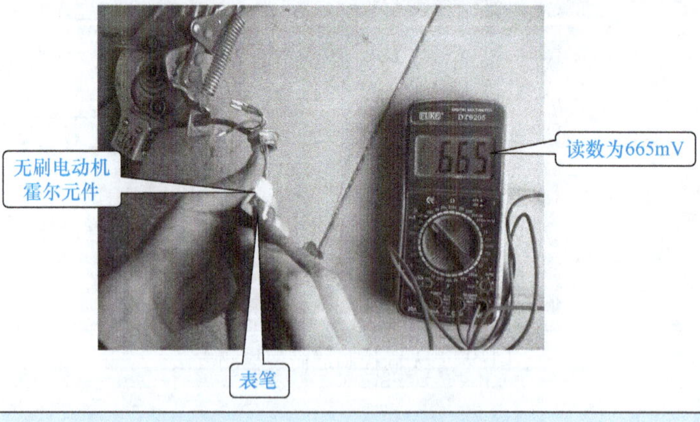

图1-100 检测电动机霍尔元件

4. 蓄电池故障的快速诊断技巧

1）观察蓄电池外壳是否有鼓包、变形、漏液等损坏现象。

2）检查蓄电池接线端子是否损坏。

3）用万用表直流电压档测量单只12V蓄电池的开路电压，应在10.5～13V之间，否则说明蓄电池有故障。测量单只12V蓄电池的开路电压如图1-101所示。

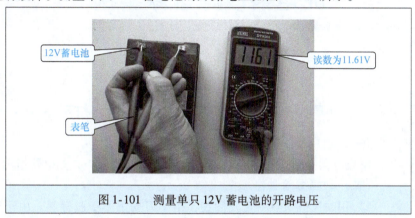

图1-101 测量单只12V蓄电池的开路电压

4）用蓄电池容量检测表测量单只蓄电池容量，判断蓄电池是否断格或短路，如图1-102所示。

5）用密度计测量蓄电池电解液的比重，应为$1.28g/m^3$，越高越好。测量电解液的比重如图1-103所示。

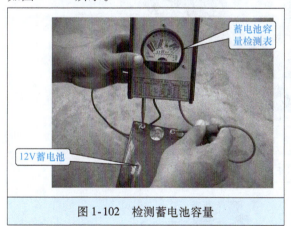

图1-102 检测蓄电池容量

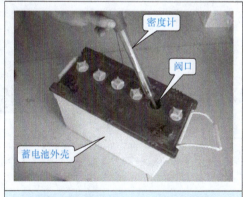

图1-103 测量蓄电池电解液的比重

6）用蓄电池容量检测放电仪检测12V蓄电池的放电时间，按照2h率蓄电池的容量与时间对照表（见表1-2）判断蓄电池容量。

表1-2 12V蓄电池2h率放电电压与容量的关系

容　　量	100%	90%	80%	70%	60%	50%
电压/V	12.66	12.60	12.52	12.43	12.30	12.13
容　　量	40%	30%	20%	10%	0%	
电压/V	11.94	11.74	11.43	11.18	10.50	

第二章

充电器故障排除实例

扫一扫看视频

扫一扫看视频

一、外星人48V充电器接通交流电,指示灯不亮 ★★★

(一)用户反映

将充电器接通交流电充电时,听到"嘭"的一声,充电器指示灯灭。

(二)故障排除过程

1)用吹风机吹热不干胶标签,用小刀揭下不干胶标签。由于充电器在1年保修期内,所以不要损坏保修标签。揭下不干胶标签如图2-1所示。

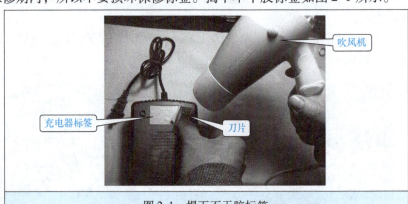

图2-1 揭下不干胶标签

2)用十字形螺钉旋具取下充电器2个固定螺钉。取下固定螺钉如图2-2所示。

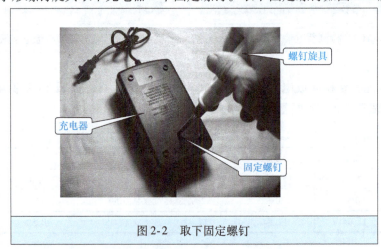

图2-2 取下固定螺钉

3）用万用表蜂鸣器档测量交流电源线完好，检查发现交流熔断器铜箔烧断，使用铜导线内的一根细铜丝代替熔断器铜箔，用电烙铁焊好，如图 2-3 所示。

4）将充电器接通交流电，充电器指示灯正常，然后将充电器外壳装好，交用户使用。将充电器接通交流电如图 2-4 所示。

二、江禾充电器指示灯有时亮，有时不亮 ★★★

（一）用户反映

将充电器接通交流电时，指示灯有时亮，有时不亮。

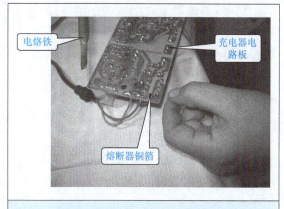

图 2-3　用电烙铁焊好熔断器铜箔

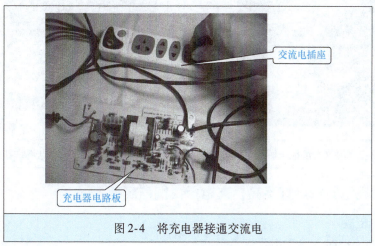

图 2-4　将充电器接通交流电

（二）故障排除过程

1）打开充电器外壳，用万用表蜂鸣器档检测充电器交流输入正常，如图 2-5 所示。

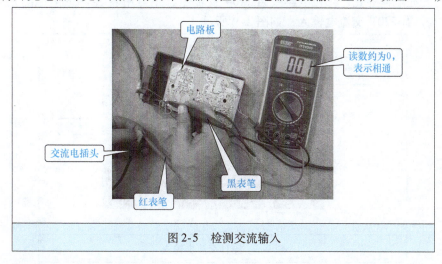

图 2-5　检测交流输入

2）将充电器接通交流电，用振动法（注意安全）振动充电器主板，发现指示灯有时亮，有时不亮，判断主板上的元器件引脚有脱焊。振动充电器主板如图 2-6 所示。

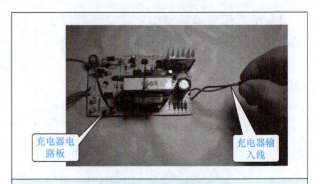

3）用放大镜检查发现开关变压器引脚有脱焊，如图 2-7 所示。

4）用电烙铁将脱焊处重新补焊，试机正常。用电烙铁补焊如图 2-8 所示。

图 2-6　振动充电器主板

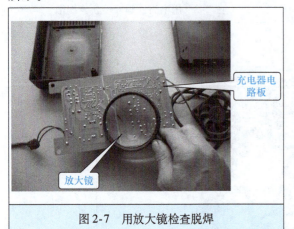

图 2-7　用放大镜检查脱焊

图 2-8　用电烙铁补焊

三、友仪充电器指示灯不亮，充电器内铜箔烧断 ★★★

（一）用户反映

充电器正在充电时，发现指示灯不亮。

（二）故障排除过程

1）打开充电器外壳，将充电器接通 220V 交流电，用万用表 AC 750V 档测量充电器的交流输入端，有 220V 交流电输入，如图 2-9 所示。

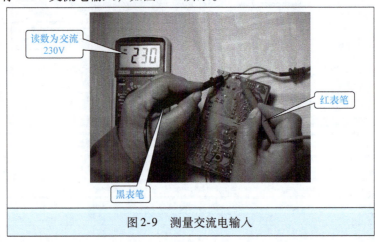

图 2-9　测量交流电输入

2）测量300V滤波电容两端有约300V的电压，如图2-10所示。

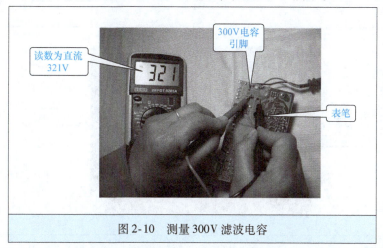

图2-10　测量300V滤波电容

3）进一步检测UC3842的供电端7脚时，发现铜箔烧断。用导线代替铜箔，将烧坏的铜箔连好，如图2-11所示。

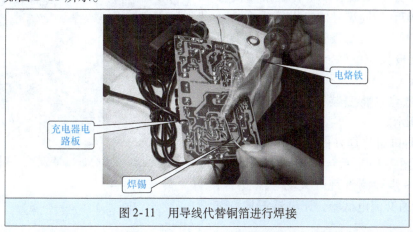

图2-11　用导线代替铜箔进行焊接

4）将充电器接通交流电试机，充电器指示灯亮，表示充电器正常，将充电器外壳复原，交用户使用，如图2-12所示。

四、立马电动摩托车48V/30Ah充电器交流熔断器熔断 ★★★

（一）用户反映

立马电动摩托车充电时，充电器冒烟。

（二）故障排除过程

1）打开充电器外壳，发现交流熔断器熔丝熔断，必然是后级有短路故障，应进一步检查。

图2-12　将充电器外壳复原

2）用万用表二极管档逐一检测 4 个整流二极管，发现有 2 个整流二极管击穿，如图 2-13 所示。

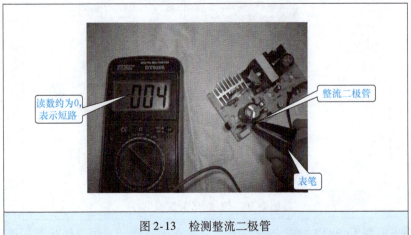

图 2-13 检测整流二极管

3）将击穿的二极管取下，观察二极管型号为 RL207，用同型号的二极管更换，安装新二极管时，注意二极管的极性与取下的二极管安装极性应一致。安装新二极管如图 2-14 所示。

4）用电烙铁将安装好的二极管焊好，如图 2-15 所示。

5）用斜口钳将焊好的二极管多余的引脚剪断，如图 2-16 所示。

6）进一步检测发现开关功率管正常，将充电器接通交流电试验，充电器正常，交用户使用。

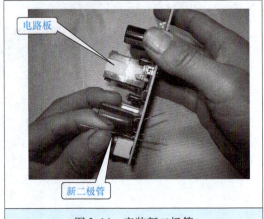

图 2-14 安装新二极管

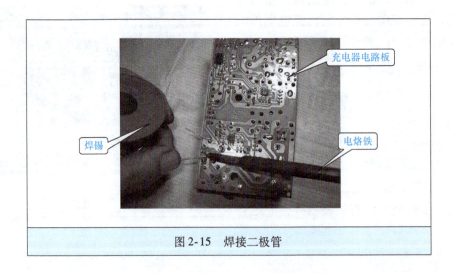

图 2-15 焊接二极管

五、爱玛电动车 48V 充电器烧坏 ★★★

（一）用户反映

爱玛电动车充电器借给朋友使用后烧坏。

（二）故障排除过程

1）打开充电器外壳，检测防反接二极管（1N5404），发现防反接二极管击穿，如图 2-17 所示。

2）用电烙铁取下击穿的二极管，如图 2-18 所示。

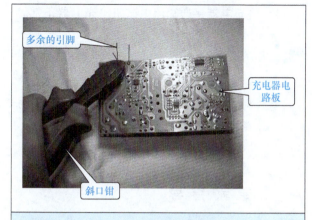

图 2-16　剪断多余引脚

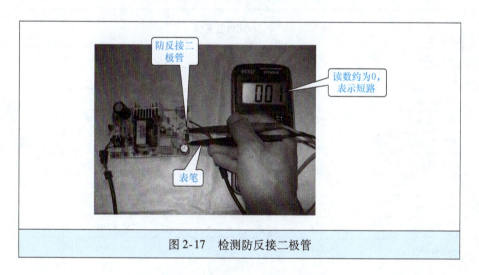

图 2-17　检测防反接二极管

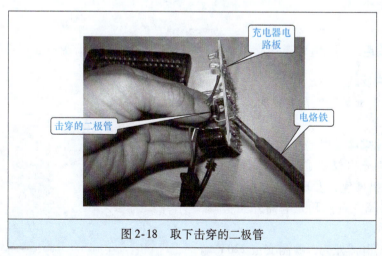

图 2-18　取下击穿的二极管

3）使用同型号的二极管，按原二极管的安装极性安装好，并进行焊接。

4）将充电器接通交流电试机，充电器正常。

> **专家点评**
>
> 此例是典型的乱使用充电器造成的故障，不同型号电动车充电器不能通用。如果用户需借用其他充电器充电，必须经专业人员检测后，型号一样，直流输出正负极性相同，才能代换。

专家指导

充电器常用型号及参数见表2-1。

表2-1 充电器常用型号及参数

充电参数 电池种类	充电电压/V	充电电流/A	充电转换电流/mA	输入电压/V
24V/12Ah	29左右	≤1.8	380±60	220
24V/17Ah	29左右	≤2.5	380±80	
24V20Ah	29左右	≤2.8	380±60	
36V10Ah	42左右	≤1.8	300±60	
36V/12Ah	42左右	≤1.8	380±80	
36V/17Ah	42左右	≤2.5	450±100	
48V/12Ah	56左右	≤1.8	380±80	
48V/17Ah	56左右	≤2.5	450±100	
48V/20Ah	56左右	≤2.8	550±100	
48V/24Ah	56左右	≤2.8	550±100	

六、飞鸽电动车36V充电器指示灯闪烁，无电压输出 ★★★

（一）用户反映

飞鸽电动车36V充电器充电时，指示灯闪烁，充不进电。

（二）故障排除过程

1）首先将充电器接通交流电，测量充电器的直流输出插座，发现无电压，判断充电器内部有故障，需打开充电器外壳检修，如图2-19所示。

2）打开充电器外壳，检测交流220V输入正常，如图2-20所示。

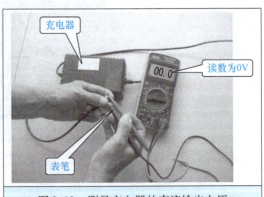

图2-19 测量充电器的直流输出电压

第二章 充电器故障排除实例

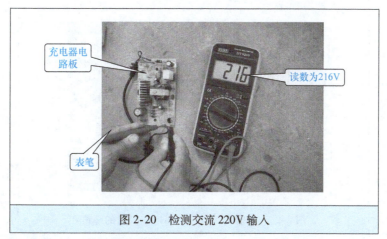

图 2-20 检测交流 220V 输入

3）用万用表的蜂鸣器档测量交流熔断器正常，如图 2-21 所示。

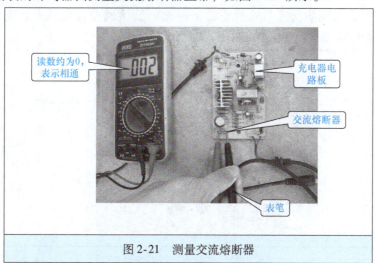

图 2-21 测量交流熔断器

4）测量输出级整流二极管 ER504 击穿，如图 2-22 所示。

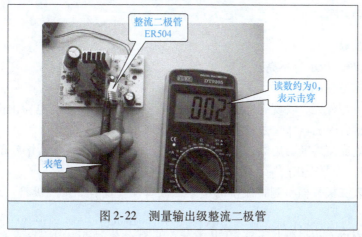

图 2-22 测量输出级整流二极管

5）先使用电烙铁焊开整流二极管 ER504 的引脚，然后用螺钉旋具取下固定二极管的螺钉,如图 2-23 所示。

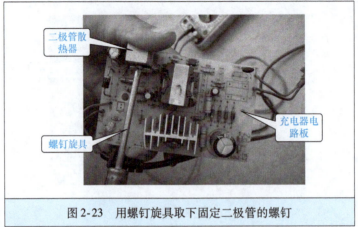

图 2-23　用螺钉旋具取下固定二极管的螺钉

6) 更换同型号的防反接二极管,注意按原始极性安装。

7) 更换好后,检测防反接二极管正常,将充电器接通交流电试机,充电器指示灯正常,测量输出电压为 40.9V,正常,如图 2-24 所示。

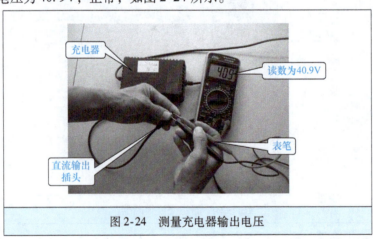

图 2-24　测量充电器输出电压

七、新蕾电动车 48V 充电器指示灯不亮 ★★★

(一) 用户反映

充电器充电时,指示灯不亮。

(二) 故障排除过程

1) 打开充电器外壳,发现充电器内灰尘过多,首先用毛刷对充电器内部进行清洁,如图 2-25 所示。然后用洗耳球吹去灰尘,如图 2-26 所示。

2) 检查发现交流熔断器熔断,更换同型号的 3A 熔断器。熔断器熔断的原因一般是由于后级电路短路,先要查出故障,故障排除后才能插电试机。

3) 用万用表二极管档检测整流桥的 4 个二极管,发现有 2 个二极管 (1N5399) 击穿,如图 2-27 所示。

4) 用万用表进一步检测开关管 5N60 击穿,如图 2-28 所示。

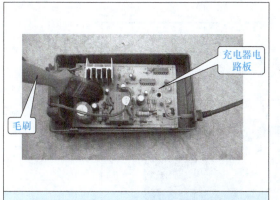

图 2-25 用毛刷对充电器内部进行清洁

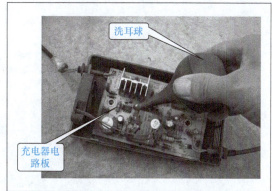

图 2-26 用洗耳球吹去灰尘

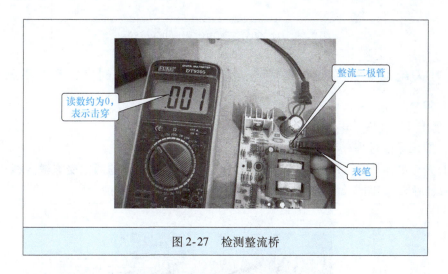

图 2-27 检测整流桥

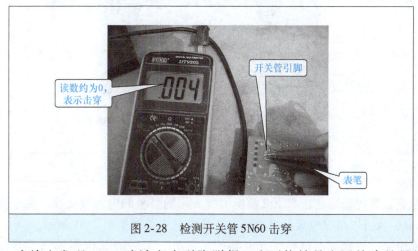

图 2-28 检测开关管 5N60 击穿

5）进一步检查发现 300V 滤波电容引脚脱焊，这可能就是出现故障的最终原因。对 300V 滤波电容引脚进行补焊，更换所有损坏的元器件，通电试机，充电器正常。对 300V 滤波电容引脚进行补焊如图 2-29 所示。

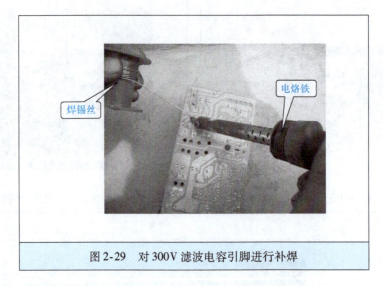

图 2-29 对 300V 滤波电容引脚进行补焊

八、小刀电动车 48V 充电器接通交流电后，指示灯有时亮，有时不亮 ★★★

（一）用户反映

充电器接通交流电充电时，指示灯有时亮，有时不亮。

（二）故障排除过程

1）打开充电器外壳，用万用表的蜂鸣器档分别测量充电器的两根交流输入线，发现其中 1 根引线断路，如图 2-30 所示。

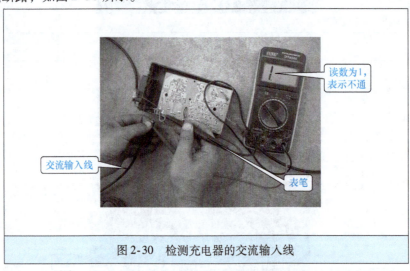

图 2-30 检测充电器的交流输入线

2）用电烙铁将焊锡熔化，取下交流电引线，用同型号的电源线更换，由于交流电源线无极性，两根引线可以按原位置任意焊接。更换交流电源线如图 2-31 所示。

3）将充电器接通交流电试机，充电器指示灯亮，最后将充电器外壳装好，交用户使用。通电试机如图 2-32 所示。

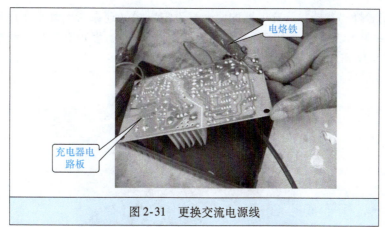

图 2-31 更换交流电源线

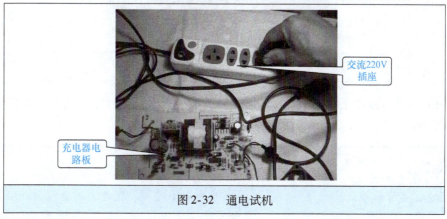

图 2-32 通电试机

九、速派奇电动车 48V 充电器，指示灯亮，充不进电 ★★★

（一）用户反映

充电器接通交流电充电时，指示灯亮，充不进电。

（二）故障排除过程

1）打开充电器外壳，将充电器接通交流电，用 DC 200V 档测量充电器电路板的直流电压输出端，有 54.5V 直流电输出，说明充电器正常，故障在输出线。测量充电器的直流输出电压如图 2-33 所示。

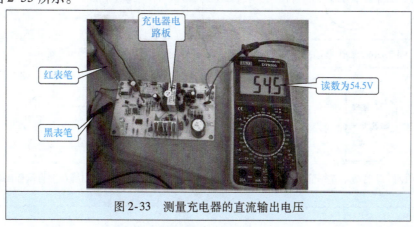

图 2-33 测量充电器的直流输出电压

2)用万用表蜂鸣器档检测充电器的两根直流输出线（速派奇电动车车用充电器的3芯插头直流输出线是L为正极，中间插头为负极，N为空脚），发现有1根引线断路。检测直流输出线如图2-34所示。

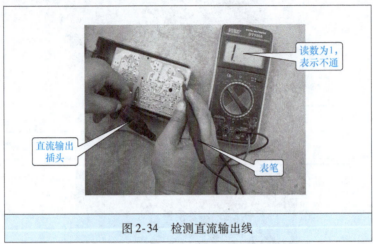

图2-34 检测直流输出线

3)用同型号速派奇充电器专用线（速派奇电动车车用充电器输出线L为正极，E为负极，N为空脚）更换，通电试机，充电器正常。

知识链接

充电器交流输入线插头通用，直流输出线插头不通用。充电器的直流插头有两种，一种是圆孔形插头，如图2-35所示。一种是方形3孔插头，如图2-36所示。圆孔形插头可肯定中间线为正极，外壳为负极。方形3孔插头一般N为正极，L为负极，中间为空脚。但是也有L为正极，N为负极的，中间为空脚，实际使用中应以万用表实际测量结果为准。速派奇专用充电器与其他充电器不同，它的3孔直流插头L为正极，中间为负极，N为空脚，如图2-37所示。另外，还有澳柯玛电动车专用梅花形直流输出插头极性如图2-38所示。

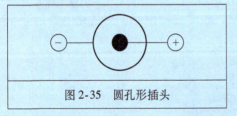

图2-35 圆孔形插头

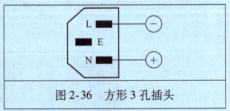

图2-36 方形3孔插头

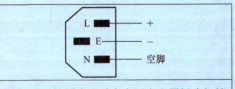

图2-37 速派奇电动车专用充电器插头极性

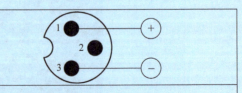

图2-38 澳柯玛电动车专用梅花形直流输出插头极性

第二章　充电器故障排除实例

专家指导

　　更换直流输出线时，一定要与原充电器的输出线正负极一致，可通过万用表测量进行判断。将充电器接通交流电，使用万用表的直流 200V 电压档，测量充电器的直流输出插头，如果万用表读数为负数，说明红表笔所接的为负极，如图 2-39 所示；如果万用表读数为正数，说明红表笔所接的为正极，如图 2-40 所示。

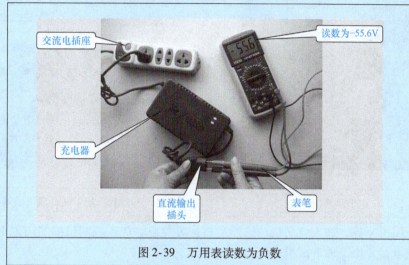

图 2-39　万用表读数为负数

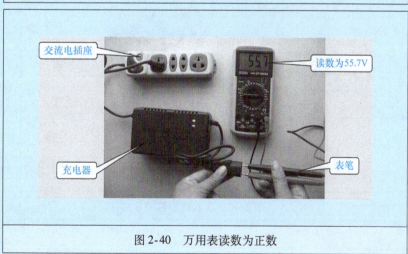

图 2-40　万用表读数为正数

十、绿源电动车 48V 充电器充电时风机噪声大　★★★

（一）用户反映

绿源电动车 48V 充电器为蓄电池充电时风机噪声大。

（二）故障排除过程

1）打开充电器外壳，检查发现风机上和充电器内灰尘过多，首先用毛刷清洁灰尘，如图2-41所示。

2）然后用手转动风机试验，发现风机转动阻力大。判断是风机的电动机轴缺油所致，如图2-42所示。

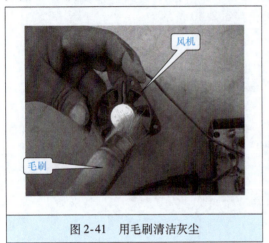

图2-41 用毛刷清洁灰尘

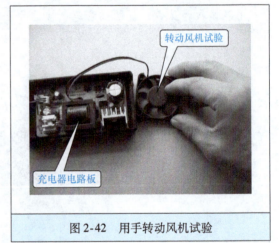

图2-42 用手转动风机试验

3）揭开风机标签，加入缝纫机油，然后将标签复原。加入缝纫机油如图2-43所示。

4）将充电器复原，通电试机，风机转动正常。

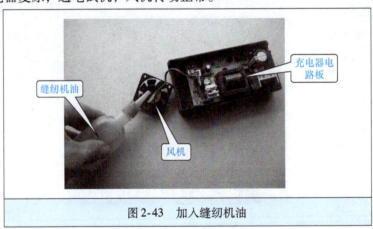

图2-43 加入缝纫机油

第三章

电动机故障排除实例

一、飞鸽有刷电动自行车骑行中时快时慢 ★★★

（一）用户反映

飞鸽电动自行车骑行中时快时慢，该车采用36V有刷电动机，飞鸽电动自行车外形如图3-1所示。

（二）故障排除过程

1）首先打开电源锁，转动转把，用万用表测量控制器与电动机的两根引线之间的电压为0～37.9V，如图3-2所示，说明控制器输出正常，故障在电动机。

图3-1 飞鸽电动自行车外形

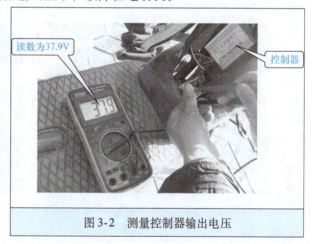

图3-2 测量控制器输出电压

2）断开控制器与电动机的连线，用扳手松开电动机轴上的螺母，从车上取下电动机，并记录电动机轴上的垫片及螺母的安装位置。如图3-3所示。

3）将电动机放在木架上，用记号笔在电动机外壳上做好标记，用十字形螺钉旋具取下电动机外壳上的螺钉，松开螺钉时，要采用对角松动的方法，如图3-4所示。

4）事先在地上垫上木板，双手抱住电动机转子，用力向下冲击电动机轴，使定子与转子分离，另一人从转子中抽出定子，如图3-5所示。

5）检查发现换向器表面不平，用砂布打磨换向器表面，并对换向器表面进行清理，如图3-6所示。

图 3-3　从车上取下电动机

图 3-4　取下电动机外壳上的螺钉

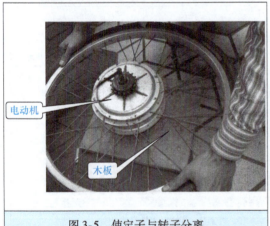

图 3-5　使定子与转子分离

图 3-6　用砂布打磨换向器表面

6）检查发现电动机定子上两个电刷长短不齐，应更换新电刷。用螺钉旋具取下电刷固定螺钉，取下旧电刷，如图 3-7 所示。

7）将新电刷的弹簧穿入电刷铜辫，然后放入电刷架的刷凹内，用螺钉旋具固定好电刷，如图 3-8 所示。

8）检查发现电动机的两个轴承均损坏，如图 3-9 所示，观察电动机轴承型号为 6002，用同型号新轴承更换。

9）检修完毕后，用毛刷清洁电动机内部，将电动机复原，如图 3-10 所示装车试验电动机正常。

第三章 电动机故障排除实例

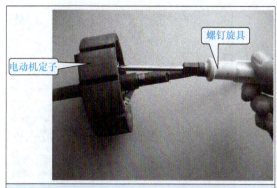

图3-7 取下旧电刷

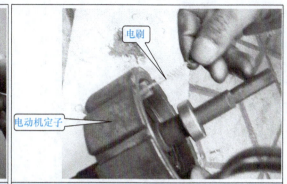

图3-8 将新电刷放入刷凹内

图3-9 检查电动机轴承

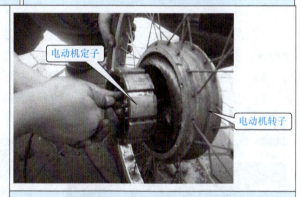

图3-10 将电动机复原

> **特别提示**
>
> 从车上卸下电动机时,一定要记牢电动机轴上垫片及螺钉的位置,以免安装时出错。维修电动机时应对两个电刷和轴承同时更换。拆卸电动机后,不要将定子随便放在地上,以免定子磁钢吸上杂物。另外,安装定子前要将电刷铜辫拧绕,使电刷进入刷凹,以免安装定子时损坏电刷。定子安装完毕后,一定要将电刷铜辫拧绕松开。

二、英克莱 36V 无刷电动自行车电动机引线断,电动机不转 ★★★

(一)用户反映

英克莱电动自行车电动机引线从电动机轴口处断开,电动机不转。该车采用 36V 无刷电动机,其外形如图 3-11 所示。

(二)故障排除过程

1)检查电动机引线从电动机轴口处断开,必须打开电动机进行更换新线。首先从车上取下电动机,将电动机放在木架上,用十字形螺钉旋具取下电动机外壳螺钉,如图 3-12 所示。

扫一扫看视频

扫一扫看视频

图3-11 英克莱36V无刷电动自行车外形

图3-12 取下电动机外壳螺钉

2）在地上垫上木板，用力向下猛击电动机轴，将电动机定子抽出。然后将旧电动机引线剪断，并从电动机轴中抽出。

3）用相同型号的电动机引线从电动机轴中穿入，如图3-13所示。

4）用电烙铁将电动机引线焊接好，套上绝缘管，如图3-14所示。

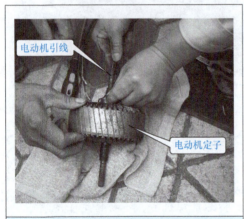

图3-13 穿入新电动机引线

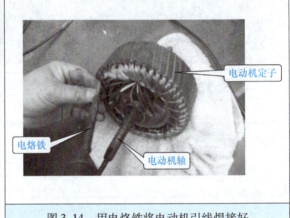

图3-14 用电烙铁将电动机引线焊接好

5）用扎带将电动机引线扎好，将电动机复原，如图3-15所示，装车试验，电动机正常。

三、速派奇48V有刷电动车电动机转动无力 ★★★

（一）用户反映

速派奇电动车，电动机转动无力，该车采用48V有刷电动机，其外形如图3-16所示。

扫一扫看视频

（二）故障排除过程

1）打开电源锁，转动转把试车，电动机转得慢，判断电动机有故障。

2）从车上取下电动机，打开电动机，如图3-17所示，检查定子上有两个磁钢松动移位，如图3-18所示。

图 3-15 将电动机复原

图 3-16 速派奇电动车外形

图 3-17 打开电动机

图 3-18 定子上磁钢松动移位

3）取下旧磁钢，放在干净的纸箱上，用钢锯条刮净电动机定子上的残胶，如图 3-19 所示。

4）将 AB 胶按 1:1 配比后拌匀，涂于定子上，把磁钢按原位置粘牢，如图 3-20 所示，待 AB 胶晾干后，将电动机复原，试车正常。

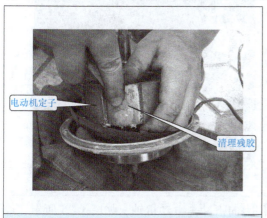

图 3-19 清洁定子上的残胶

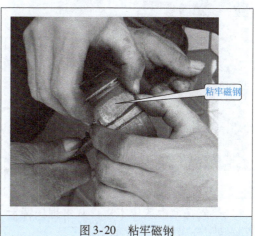

图 3-20 粘牢磁钢

电动自行车/三轮车故障诊断与排除实例精解

> **专家指导**
>
> 电动机磁钢用 AB 胶按 N、S 顺序排列粘牢在电动机定子或转子上,如果电动机进水,会造成电动机磁钢脱落。维修磁钢时,如果磁钢脱落多块,应采取取下一块、粘牢一块的方法,以免损坏磁钢或将磁钢排列顺序搞乱。

四、立马电动摩托车电动机断相,电动机转动无力 ★★★

(一)用户反映

立马电动摩托车,电动机转动无力,该车采用 48V/500W 无刷电动机,其外形如图 3-21 所示。

(二)故障排除过程

1)用 LY－2 无刷电动车综合检测仪检测电动机霍尔元件,有一只霍尔灯常亮。判断该霍尔元件有故障,如图 3-22 所示。

图 3-21 立马电动摩托车外形

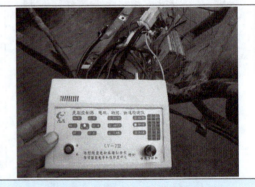

图 3-22 检测电动机霍尔元件

2)从车上拆下电动机,将电动机放在木架上,用记号笔在电动机外壳与轮毂上做好标记,如图 3-23 所示。

3)用螺钉旋具采用对角松动的方法取下电动机外壳的固定螺钉,如图 3-24 所示。

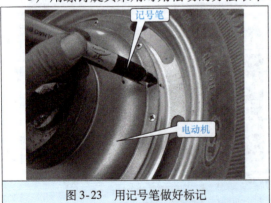

图 3-23 用记号笔做好标记

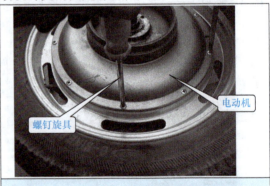

图 3-24 取下固定螺钉

4)事先在地上放块木板,双手抱住转子,用力向下冲击电动机轴,如图 3-25 所示,使定子与转子分离,另一人抽出定子。

5)观察定子上霍尔元件红色引线的位置均在左边,做好记录,说明该电动机是 60°相角电动机，如图 3-26 所示。

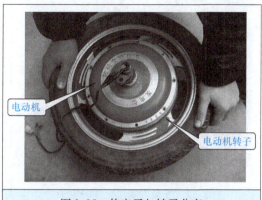

图 3-25　使定子与转子分离

图 3-26　观察霍尔元件红色引线位置

6）用斜口钳剪断霍尔元件的引线，然后用小针取下旧霍尔元件，如图 3-27 所示。

7）将新霍尔元件 3144 放在定子的凹槽内，用 AB 胶将霍尔元件粘牢，如图 3-28 所示。

8）先用电烙铁在霍尔元件引脚上上锡，然后将绝缘管套在引线上，再将引线与霍尔元件引脚焊牢，如图 3-29 所示。

9）将绝缘管套好，以防霍尔元件引脚短路，如图 3-30 所示。

图 3-27　用斜口钳剪断霍尔元件的引线

图 3-28　将新霍尔元件 3144 放在定子的凹槽内并粘牢

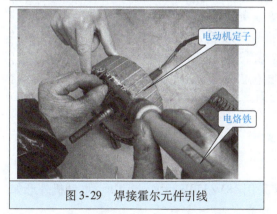

图 3-29　焊接霍尔元件引线

图 3-30　将绝缘管套好

10）最后用扎带扎牢霍尔元件引线，以防转子转动时损坏霍尔元件引线，如图 3-31 所示。安装好霍尔元件的定子如图 3-32 所示。

11）霍尔元件更换完毕后，将定子装入转子，将电动机复原，如图 3-33 所示，装车试验，电动机正常。

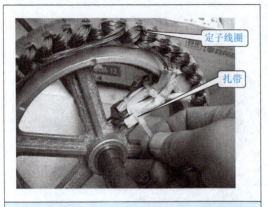

图 3-31 用扎带扎牢霍尔元件引线

图 3-32 安装好霍尔元件的定子

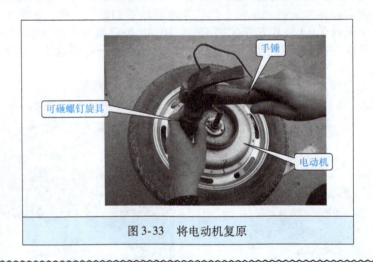

图 3-33 将电动机复原

知识链接

检查霍尔元件的好坏，需用两种以上的方法判断，以免产生误判。更换新霍尔元件时，不管旧霍尔元件的型号是什么，均可用 3144 代换，而且安装新霍尔元件时要照原霍尔元件的排列顺序安装。另外，不管电动机损坏了几个霍尔元件，都要将 3 个霍尔元件同时更换，以免维修后造成电动机换相不正确。

五、爱玛无刷电动车电动机有杂音 ★★★

（一）用户反映

爱玛无刷电动车骑行时电动机有杂音，该车采用 48V/350W 无刷电动机，电动机外形如图 3-34 所示。

（二）故障排除过程

1）打开电源锁，转动转把试车，发现电动机有机械杂音，判断电动机有故障，需要打开电动机检修。

2）拔下控制器与电动机的 8 根连线，并做好记录，从车上拆下电动机。

3）用记号笔在电动机外壳上做好标记，以便安装电动机时照记号安装，如图 3-35 所示。

图 3-34　48V/350W 无刷电动机外形

图 3-35　在电动机外壳上做好标记

4）用内六角扳手依次取下电动机外壳上的固定螺钉，并保存好螺钉备用，如图 3-36 所示。

5）在地上垫一块木板，双手抱住电动机转子，用力向下冲击电动机轴，使定子与转子分离，如图 3-37 所示，另一人抽出定子。

图 3-36　取下电动机外壳上的固定螺钉

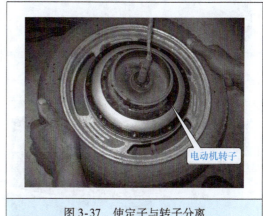

图 3-37　使定子与转子分离

6）检查发现电动机内进水，生锈严重，如图 3-38 所示。

7）用砂布打磨电动机转子生锈部分，并擦干净杂物，如图 3-39 所示。

8）用手锤将新轴承安装在端盖上，更换轴承时要将两个轴承同时更换，如图 3-40 所示。

9）维修完毕后，安装电动机，首先将定子放入转子，注意转子上的磁钢有吸引力，小心操作，如图 3-41 所示。

10）用扳手卡住电动机轴转动，使定子安装到位，如图 3-42 所示。

11）最后将端盖安装好，并用螺钉固定好端盖，将电动机装车，如图 3-43 所示，试车正常。

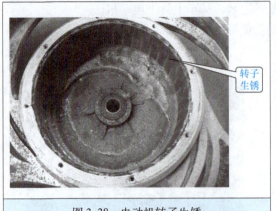

图3-38 电动机转子生锈

图3-39 用砂布打磨电动机转子

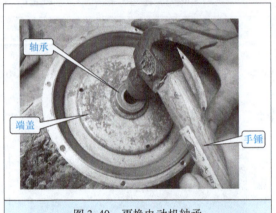

图3-40 更换电动机轴承

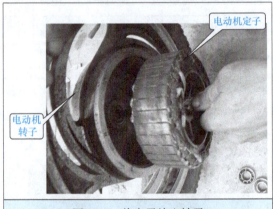

图3-41 将定子放入转子

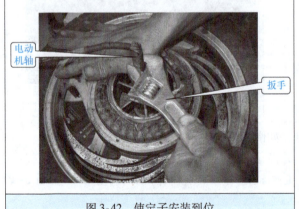

图3-42 使定子安装到位

图3-43 将电动机装车

六、绿源有刷电动自行车电动机磁钢脱落，电动机有异响 ★★★

（一）用户反映

绿源有刷电动自行车电动机有异响，该车采用36V有刷电动机，如图3-44所示。

图 3-44 有刷电动机外形

（二）故障排除过程

1）用十字形螺钉旋具取下电动机外壳的固定螺钉，打开电动机，如图 3-45 所示。

图 3-45 取下电动机外壳的固定螺钉

2）用皮锤敲击定子上的磁钢，如图 3-46 所示，检查发现有一块磁钢脱落移位，如图 3-47 所示。

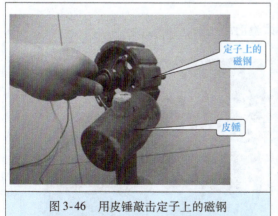

图 3-46 用皮锤敲击定子上的磁钢

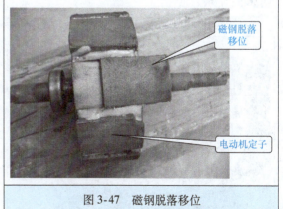

图 3-47 磁钢脱落移位

3）取下脱落的磁钢，放在干净的地方，用砂布清洁定子和脱落磁钢上的杂物，如图 3-48 所示。

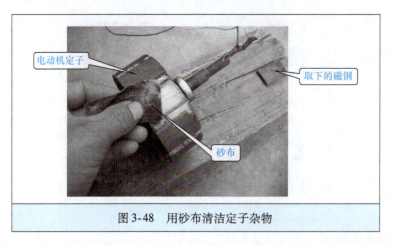

图 3-48 用砂布清洁定子杂物

4)将 AB 胶按 1∶1 的比例配好,然后涂在定子铁心上,如图 3-49 所示。把脱落的磁钢按原位置粘牢,如图 3-50 所示。

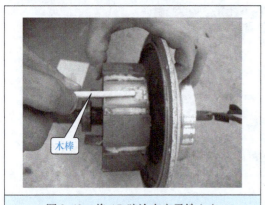

图 3-49 将 AB 胶涂在定子铁心上

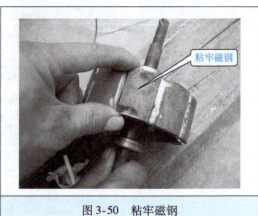

图 3-50 粘牢磁钢

5)等 AB 胶发白晾干后,检查电动机轴承,电刷无故障后,将定子放入转子,如图 3-51 所示。

6)将电动机复原,如图 3-52 所示,装车试验正常。

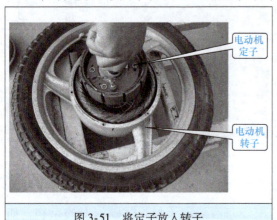

图 3-51 将定子放入转子

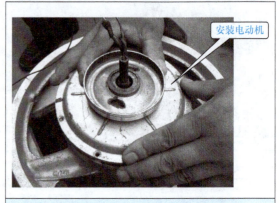

图 3-52 安装好电动机

七、立马电动自行车骑行时后车轮有杂音 ★★★

（一）用户反映

立马电动自行车后车轮在骑行时有杂音，判断电动机有故障，需从车上拆下电动机进行检修，该车采用48V/350W无刷电动机，其外形如图3-53所示。

（二）故障排除过程

1）用支架支起后车轮，从车轮上取下电动机，如图3-54所示。

图3-53　48V/350W无刷电动机外形

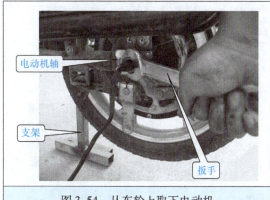

图3-54　从车轮上取下电动机

2）在电动机外壳上做好标记，取下电动机的固定螺钉，如图3-55所示。

扫一扫看视频

图3-55　取下电动机的固定螺钉

3）双手抱住转子，用力向下使电动机轴冲击木板，使转子与定子分离，另一个人抽出定子，打开电动机，如图3-56所示。

4）检查发现端盖上的轴承损坏，如图3-57所示。

5）用手锤击打冲击螺钉旋具取下旧轴承，如图3-58所示。

6）轴承的型号通常印在轴承的油封上，观察旧轴承型号为6001，将相同型号的新轴承放在端盖内，用手锤击打新轴承使其安装到位，如图3-59所示。

7）检查电动机无其他故障后，将电动机安装好，如图3-60所示。

8）用户反映电动自行车飞轮有不挂档的现象，用缝纫机油对飞轮进行清洁，手转飞轮正常后，将电动机装车，如图3-61所示。

图 3-56 打开电动机

图 3-57 检查端盖上的轴承

图 3-58 取下旧轴承

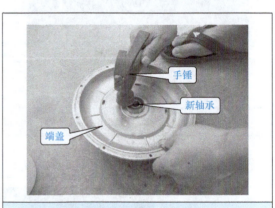

图 3-59 将新轴承安装到位

图 3-60 将电动机安装好

图 3-61 用缝纫机油对飞轮进行清洁

八、飞鸽有刷电动自行车电动机有杂音 ★★★

（一）用户反映

飞鸽有刷电动自行车电动机有杂音，该车采用 36V 有刷电动机，其外形如图 3-62 所示。

（二）故障排除过程

1）拔下电动机与控制器的两根引线，从车上取下电动机，用螺钉旋具取下固定螺钉，如图3-63所示。

图3-62　36V有刷电动机外形

图3-63　用螺钉旋具取下固定螺钉

2）双手抱住转子，用力向下使电动机轴冲击木板，使转子与定子分离，如图3-64所示，另一个人抽出定子。

3）检查发现定子上有一磁钢脱落，如图3-65所示。

图3-64　使转子与定子分离

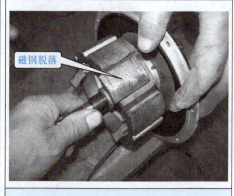

图3-65　检查发现定子上磁钢脱落

4）取下脱落的磁钢，用砂布清洁定子和脱落磁钢上的杂物，如图3-66所示。

5）将AB胶涂在定子上，使脱落的磁钢粘牢，如图3-67所示。

6）用吹风机吹干AB胶，如图3-68所示，等AB胶发白时，即可安装。

7）安装前检查发现电动机电刷磨损严重，一同将电刷更换，如图3-69所示。

8）双手抱住电动机端盖，用力向下冲击木板，使端盖与定子分离，如图3-70所示。

9）用螺钉旋具松开电刷固定螺钉，取下旧电刷，如图3-71所示。

10）将新电刷铜辫穿入弹簧，然后将电刷放在刷凹内，如图3-72所示。

11）用尖嘴钳压紧铜辫上的接线柱，并用电烙铁焊牢，如图3-73所示。

12）用螺钉旋具固定好电刷引线固定螺栓，如图3-74所示。

13）更换电刷后，用毛刷清除电动机内的碳粉，如图3-75所示。

14）检修完毕后，将电动机复原，如图3-76所示，装车试验电动机正常。

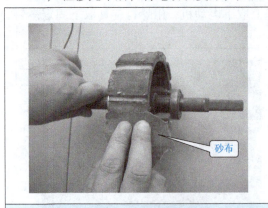

图3-66 用砂布清洁定子

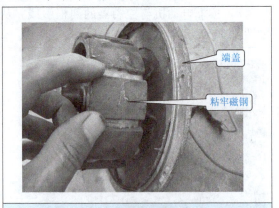

图3-67 将脱落的磁钢粘牢

图3-68 用吹风机吹干AB胶

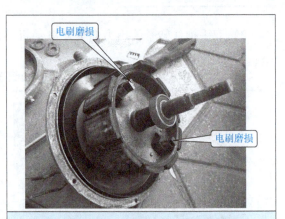

图3-69 检查发现电动机电刷磨损严重

图3-70 使端盖与定子分离

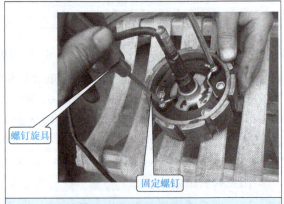

图3-71 取下旧电刷

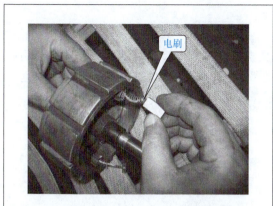

图 3-72 将电刷放在刷凹内

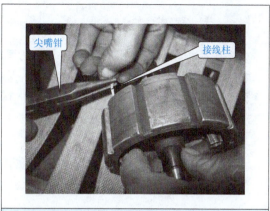

图 3-73 用尖嘴钳压紧接线柱

图 3-74 用螺钉旋具固定好电刷引线固定螺栓

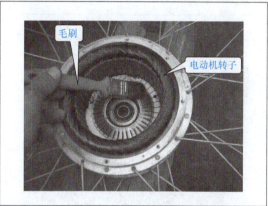

图 3-75 用毛刷清除电动机内的碳粉

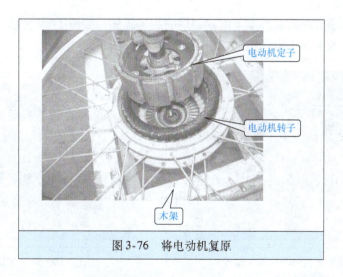

图 3-76 将电动机复原

> **专家指导**
>
> 更换电动机电刷时,要将两个电刷同时更换,并清除电动机内的碳粉。安装有刷电动机定子前,要先将电刷铜辫扭起,并将电刷放入刷凹内,以免安装定子时损坏电刷。等安装好定子后,再将扭起的电刷铜辫松开。

九、丰收货运电动三轮车串励电动机不转 ★★★

(一)用户反映

丰收货运电动三轮车电动机不转,该车采用48V串励电动机,其外形如图3-77所示。

(二)故障排除过程

1)首先从车上卸下电动机,用尖嘴钳取下防护罩上的弹簧,再取下防护罩,如图3-78所示。

图3-77 48V串励电动机外形

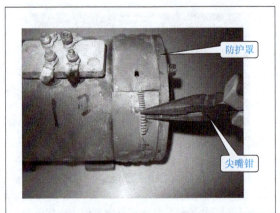

图3-78 取下防护罩

2)然后用十字形螺钉旋具取下电刷铜辫的固定螺栓,如图3-79所示。
3)用内六角扳手卸下电动机外壳的固定螺栓,如图3-80所示。

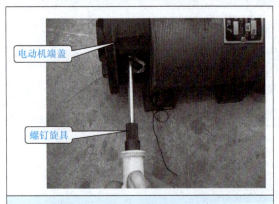

图3-79 取下电刷铜辫的固定螺栓

图3-80 取下固定螺栓

4)用手锤轻轻击打端盖,使端盖与电动机分离,如图 3-81 所示。
5)用螺钉旋具取下旧电刷,更换新电刷,如图 3-82 所示。

图 3-81 使端盖与电动机分离

图 3-82 更换新电刷

6)更换电刷后,对电动机内部进行清洁,并用砂布对换向器表面进行打磨和清洁,如图 3-83 所示。
7)最后检查电动机无故障后,将电动机复原装车,如图 3-84 所示。

图 3-83 用砂布打磨换向器表面

图 3-84 将电动机复原

十、洪都电动自行车 60V 无刷电动机进水 ★★★

(一)用户反映

洪都电动自行车骑行中无刷电动机有杂音,询问得知用户骑电动自行车上下班途中经常趟过大片水,水深超过电动机轴芯。

扫一扫看视频

(二)故障排除过程

1)将电动自行车支撑架起,打开电源锁试车,发现电动自行车有杂音。
2)将电动机从车上拆下,用木架将电动机平放,如图 3-85 所示。
3)用螺钉旋具取下电动机引出线一侧端盖的螺栓,如图 3-86 所示。
4)先将木板放在地上,双手抱住电动机转子,用力向下猛击电动机轴,使转子与定子分离,然后倒出电动机内的污水。注意小心操作,边观察边猛击,以防损坏电动机端盖。转子与定子分离后如图 3-87 所示。

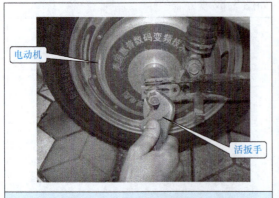

图 3-85　将电动机从车上拆下

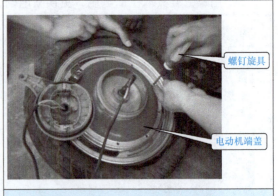

图 3-86　取下电动机端盖的螺栓

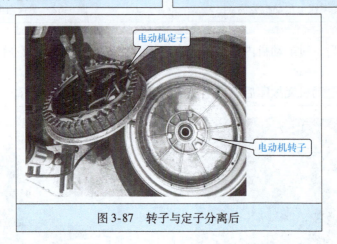

图 3-87　转子与定子分离后

5)打开电动机后放在太阳光下风干,如果急用可以使用吹风机吹干。电动机被完全吹干后,用砂布对定子和转子上的磁钢进行打磨,然后用干布擦净。最后将电动机复原,装车,试车,电动机正常。

故障总结

　　电动自行车电动机在骑行中,一定注意防水,如果水面高过电动机轴芯,用户不应再骑行通过,以防雨水从电动机轴进入电动机内部。拆装电动机时注意不要损坏端盖,拆装电动机螺栓要采用对角的方法。打开电动机后要注意不要放在地面上,以防电动机定子和转子吸上杂物。

第四章

蓄电池故障排除实例

一、新日电动摩托车充一次电跑不远 ★★★

(一) 用户反映

新日电动摩托车充一次电跑不远,该车采用48V/20Ah蓄电池组,该车外形如图4-1所示。

(二) 故障维修过程

1) 支起大支架,打开电源锁,转动转把试车,观察仪表上的电量指针下降较快,如图4-2所示,说明蓄电池有故障,经询问用户,蓄电池已使用2年。

图4-1 新日电动摩托车外形

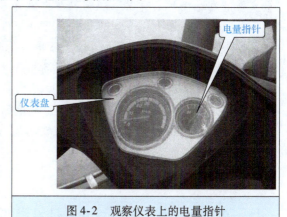

图4-2 观察仪表上的电量指针

2) 从车上取下蓄电池盒,用十字形螺钉旋具松开蓄电池盒的固定螺钉,打开蓄电池盒上盖,发现蓄电池鼓包变形,如图4-3所示。

3) 记录原蓄电池的总正极线和总负极线与接线端子的连接方法,用螺钉旋具将旧蓄电池取下,如图4-4所示。

4) 用一组新的超威蓄电池厂生产的蓄电池进行更换,按串联的方法将4只蓄电池串联,如图4-5所示。

图4-3 蓄电池鼓包变形

图 4-4 取下旧蓄电池

图 4-5 串联好的蓄电池组

5) 安装好蓄电池盒上盖,将蓄电池盒装车试转,运行正常。

> **专家指导**
>
> **蓄电池串联方法**
>
> 蓄电池连接时,有以下规律,蓄电池串联,电压增大,容量不变;蓄电池并联,电压不变,容量增大。假如有甲乙丙丁 4 只 12V/12Ah 蓄电池,如果将 4 只蓄电池串联,结果蓄电池组的总电压为 48V,蓄电池的容量还是 12Ah。
>
> 4 只蓄电池的串联方法为:甲蓄电池的正极留为整组蓄电池组的总正极,甲蓄电池的负极与乙蓄电池的正极相连,乙蓄电池的负极与丙蓄电池的正极相连,丙蓄电池的负极与丁蓄电池的正极相连,留下丁蓄电池的负极为整组蓄电池的总负极。整组蓄电池组的总正极和总负极分别接至与控制器对应的正、负极插座,注意极性不能接反,否则会烧坏控制器。

二、爱玛电动自行车充电几分钟充电器指示灯就转绿灯 ★★★

(一) 用户反映

爱玛电动自行车插上充电器充电几分钟充电器指示灯就变绿灯,充不进电。该车采用 48V/12Ah 天能蓄电池。爱玛电动自行车外形如图 4-6 所示。

(二) 故障排除过程

1) 首先将充电器接通交流电,测量充电器的输出电压为 55.6V,说明充电器正常,如图 4-7 所示。

2) 从车上取下蓄电池盒,打开蓄电池盒检查,发现 4 只蓄电池均变形鼓包,如图 4-8 所示,判断蓄电池损坏,应更换同型号蓄电池。

3) 记录原蓄电池的总正极和总负极引线,用电烙铁焊开蓄电池连线,取下旧蓄电池,如图 4-9 所示。

图 4-6 爱玛电动自行车外形

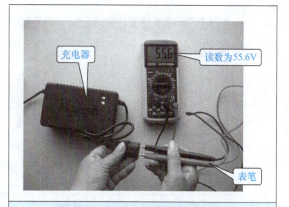

图 4-7 测量充电器的输出电压

图 4-8 4 只蓄电池变形鼓包

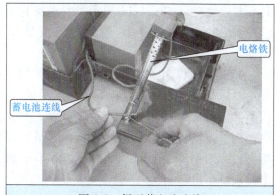

图 4-9 焊开蓄电池连线

4）用同型号的 48V/12Ah 天能蓄电池进行更换，装车试骑，运行正常。

三、小刀电动摩托车充电后骑行里程太短 ★★★

（一）用户反映

小刀电动摩托车充电后骑行里程太短，该车采用 48V/12Ah 蓄电池组，该车外形如图 4-10 所示。

（二）故障排除过程

1）打开电源锁，转动转把试车，观察仪表上的电量指示，电量下降较快，说明蓄电池有故障，需打开蓄电池盒检查。观察仪表上的电量指示如图 4-11 所示。

2）此车的蓄电池盒具有防盗功能，在车座内设计有控制蓄电池盒手柄开关，用车钥匙打开车座，如图 4-12 所示，拉动蓄电池盒开关，如图 4-13 所示，取出蓄电池盒。

图 4-10 小刀电动摩托车外形

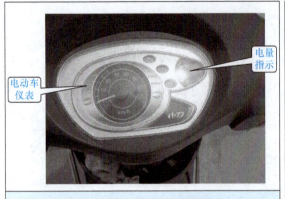

图 4-11 观察仪表上的电量指示

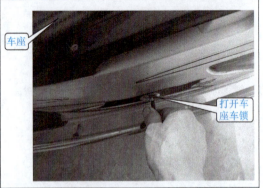

图 4-12 用车钥匙打开车座

3）用螺钉旋具取下蓄电池盒的固定螺钉，打开蓄电池盒，如图 4-14 所示，发现 4 只蓄电池变形严重，如图 4-15 所示，需更换新蓄电池。

4）记录原蓄电池组的总正极和总负极，用电烙铁焊开旧蓄电池连线，用 4 只新天能 48V/12Ah 蓄电池进行串联，如图 4-16 所示，焊接好后，用手拉动连线，检查蓄电池连线是否焊接牢固，如图 4-17 所示，将蓄电池盒装车，打开电源锁试车正常。

图 4-13 拉动蓄电池盒开关

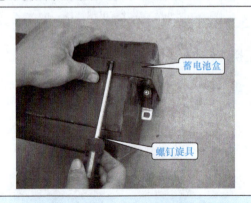

图 4-14 打开蓄电池盒

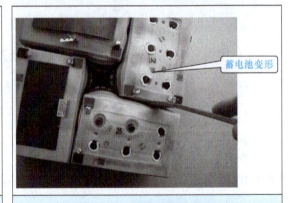

图 4-15 蓄电池变形严重

专家点评

此三例是典型的过充电故障，均造成蓄电池鼓包变形，打开蓄电池盒检测发现 4 只蓄电池均变形严重，说明蓄电池故障是由于过充电造成的。关于蓄电池充电时间，一般新蓄电池放电到欠电压状态时，用原车所配送的充电器，充电时间为 6～8h。如果蓄电池使用一年后，充电时间会缩短，维修人员应将蓄电池充电方法传授给用户，以免充坏蓄电池。

第四章 蓄电池故障排除实例

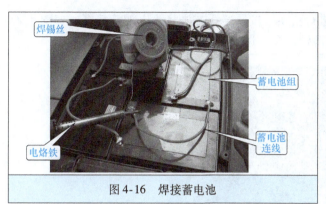

图4-16 焊接蓄电池

图4-17 检查蓄电池连线

四、雅迪64V电动摩托车更换蓄电池 ★★★

（一）用户反映

雅迪电动摩托车充电后跑不远，要求更换蓄电池，该车采用4只16V/14Ah蓄电池串联，总电压为64V，该车外形如图4-18所示。

（二）故障排除过程

1）用车钥匙打开车座，关闭断路器（俗称空气开关），如图4-19所示。

图4-18 雅迪电动摩托车外形

图4-19 关闭断路器

2）记录蓄电池组的总正极和总负极连线，用螺钉旋具松开蓄电池连线的固定螺钉，如图4-20所示，取出旧蓄电池，如图4-21所示。

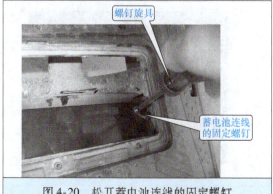

图4-20 松开蓄电池连线的固定螺钉

图4-21 取出的4只16V旧蓄电池

3）用一组长威16V/14Ah蓄电池进行更换，按原连线方法将蓄电池连接好，如图4-22所示。将断路器置于ON位置，打开电源锁试车，运行正常。

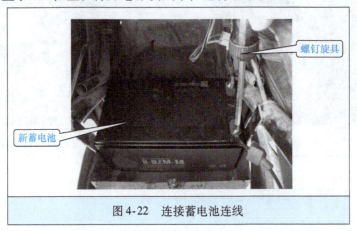

图4-22　连接蓄电池连线

五、飞鸽电动自行车蓄电池连线短路 ★★★

（一）用户反映

飞鸽电动自行车在骑行时，蓄电池盒内冒烟，该车采用4只48V/12Ah蓄电池串联，该车外形如图4-23所示。

（二）故障排除过程

1）扳动车座下面的手柄，向前扳动车座，用钥匙打开固定蓄电池盒的锁具，然后从车上取下蓄电池盒，如图4-24所示。

2）用螺钉旋具松开蓄电池盒固定螺钉，打开蓄电池盒，如图4-25所示。

3）检查发现蓄电池连线烧坏，如图4-26所示。故障原因是蓄电池连线太细，不能承受电动自行车骑行时过大的放电电流。

图4-23　飞鸽电动自行车外形

图4-24　取下蓄电池盒

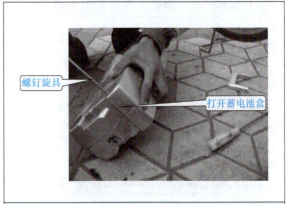

图4-25　打开蓄电池盒

第四章　蓄电池故障排除实例

4）取下损坏的旧蓄电池连接线，更换线径为 $1mm^2$ 的新铜软线，将蓄电池串联好，如图 4-27 所示。

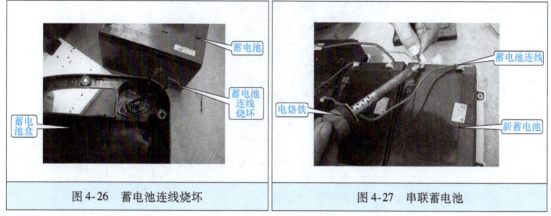

图 4-26　蓄电池连线烧坏　　　　图 4-27　串联蓄电池

5）试车，运行正常。

六、大阳电动摩托车用 12V/7Ah 蓄电池修复 ★★★

（一）用户反映

大阳电动摩托车电打火起动困难，该车采用一只 12V/7Ah 蓄电池，该车外形如图 4-28 所示。

（二）故障排过程

1）用螺钉旋具取下脚踏板固定螺钉，取下脚踏板。用蓄电池检测表检测发现蓄电池电压低于 10.5V，如图 4-29 所示。

2）用螺钉旋具松开蓄电池接线柱的固定螺钉，取下蓄电池，记录原引线的连接方法，以免安装时装错，如图 4-30 所示。

图 4-28　大阳电动摩托车外形

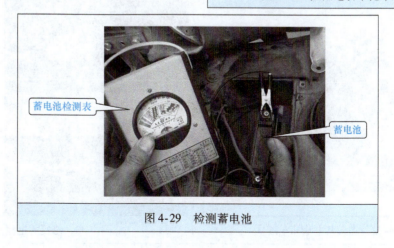

图 4-29　检测蓄电池

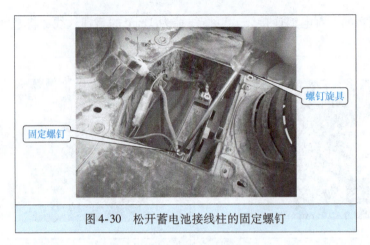

图 4-30 松开蓄电池接线柱的固定螺钉

3）用尖嘴钳取下安全阀，如图 4-31 所示。

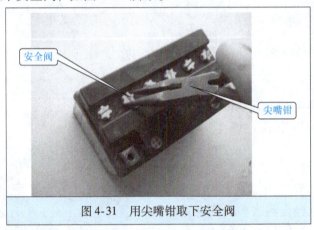

图 4-31 用尖嘴钳取下安全阀

4）用注射器加入蓄电池补充液，加到最高液面刻度线即可，如图 4-32 所示。

5）将加好补充液的蓄电池接入 LY-6 蓄电池智能脉冲修复仪修复端，修复电流为 1.8A，修复充电为 5h，如图 4-33 所示。

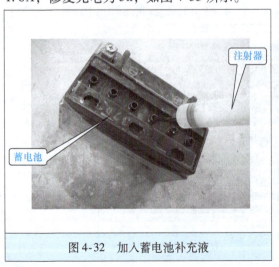

图 4-32 加入蓄电池补充液

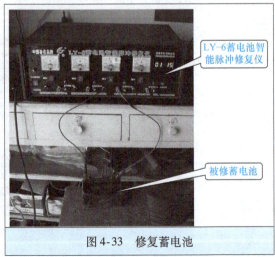

图 4-33 修复蓄电池

第四章 蓄电池故障排除实例

扫一扫看视频

6)修复时间到后,让蓄电池晾1h,将安全阀复原,试车,运行正常。

七、绿佳电动自行车仪表上有电,蓄电池断格,造成电动自行车无法正常行驶 ★★★

(一)用户反映

绿佳电动自行车仪表显示有电,转动转把电动机微动,但旋转不正常,绿佳电动自行车外形如图4-34所示。

(二)故障排除过程

1)询问用户,该车骑行时由于道路不平,振动后电动自行车不能正常行驶。

2)打开电源锁,观察仪表显示有电,转动转把试车,电动机微动,但不能正常转动,观察仪表上电量指示下降较快,判断蓄电池有故障。观察仪表上的电量指示如图4-35所示。

图4-34 绿佳电动自行车外形

图4-35 观察仪表上的电量指示

3)从车上取下蓄电池盒,打开蓄电池盒,检查蓄电池连线正常,用万用表检测单只蓄电池电压正常(正常值为10.5~13V),如图4-36所示,用蓄电池检测表检测单只蓄电池,有一只无容量,如图4-37所示,判断此只蓄电池断格。

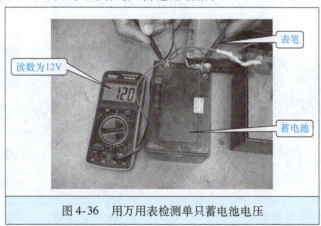

图4-36 用万用表检测单只蓄电池电压

4)观察蓄电池上盖上的生产日期,蓄电池在一年保修期限内,调换一组新蓄电池,焊接蓄电池后装车试骑,运行正常,如图4-38所示。

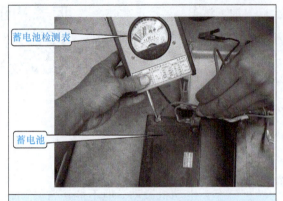

图 4-37 用蓄电池检测表检测单只蓄电池

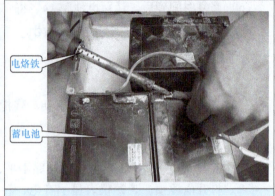

图 4-38 焊接新蓄电池

故障总结

蓄电池怕振动，蓄电池振动易造成蓄电池断格故障。由于该车是简易型电动自行车，减振器减振效果较差，用户骑行时如果路况不佳，易造成蓄电池断格。

八、绿源电动自行车蓄电池放置一个多月，电动自行车不能行驶 ★★★

（一）用户反映

绿源电动自行车半年前更换了新蓄电池，放置一个多月，电动自行车不能行驶。该车采用 4 只 12V/12Ah 蓄电池串联，其外形如图 4-39 所示。

（二）故障排除过程

1）打开蓄电池盒，检查蓄电池无鼓包变形，根据经验和用户使用情况，可以上机修复。

2）用一字形小号螺钉旋具打开蓄电池上盖，如图 4-40 所示，取下安全阀和吸水棉，如图 4-41 所示。

图 4-39 蓄电池外形

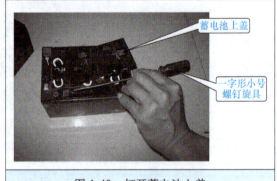

图 4-40 打开蓄电池上盖

3）用注射器加入补充电解液，如图 4-42 所示。

4）将加满电解液的蓄电池串联后，接入 LY-8 蓄电池检测修复组合柜修复端，上机修复 10h。修复中如果电解液过多，应吸出多余的电解液；如果电解液不足，要加入补充液，

第四章　蓄电池故障排除实例

修复中要保证电解液不缺液，如图4-43所示。

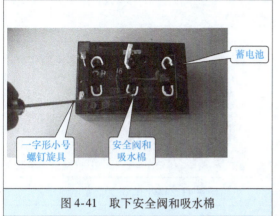

图4-41　取下安全阀和吸水棉

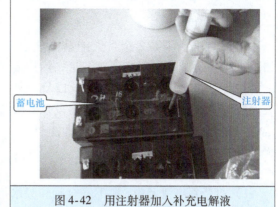

图4-42　用注射器加入补充电解液

5）修复时间到后，将蓄电池接入LY-8蓄电池检测修复组合柜检测端，放电检测，放电到10.5V，4只蓄电池放电时间基本都在100min，说明蓄电池已修复好，如图4-44所示。

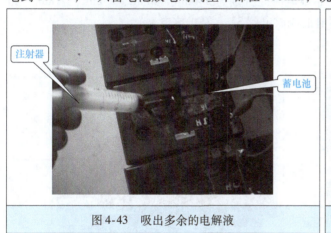

图4-43　吸出多余的电解液

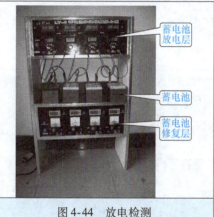

图4-44　放电检测

6）放电结束后，将蓄电池再次接入修复端，上机修复10h，修复时间到后，让蓄电池晾1~2h，将蓄电池阀口向下，倒出多余的电解液，如图4-45所示。

7）擦净蓄电池上盖，将安全阀和吸水棉复原，用PVC胶将上盖封好，如图4-46所示。

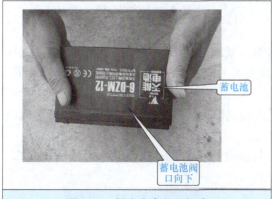

图4-45　倒出多余的电解液

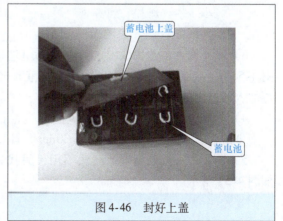

图4-46　封好上盖

九、天能蓄电池使用 1 年零 2 个月后修复 ★★★

（一）用户反映

用户使用 1 年零 2 个月天能蓄电池后，如图 4-47 所示，电动自行车跑不远，用户要求更换新蓄电池，该蓄电池为 48V/12Ah，外观无鼓包变形，检查无断格、短路现象。将这组报废的 48V/12Ah 蓄电池上机修复后，仍可继续使用。

图 4-47　48V/12Ah 天能蓄电池

（二）故障排除过程

1）打开蓄电池上盖，取下安全阀和吸水棉，用注射器加入补充电解液，如图 4-48 所示。

2）将 4 只蓄电池分别接入 LY-9 蓄电池检测修复组合柜的检测端，放电到 10.5V，4 只蓄电池初始放电时间分别为 34min、35min、25min、37min。如图 4-49 所示，然后将蓄电池深放电到 3V，停止放电。

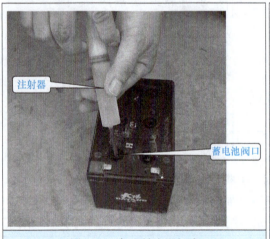

图 4-48　加入补充电解液

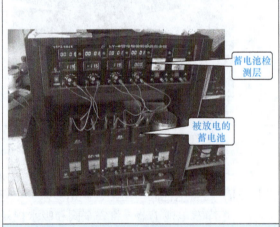

图 4-49　放电检测

3）将 4 只蓄电池串联接入 LY-9 蓄电池检测修复组合柜的修复端，上机修复 10h，如图 4-50 所示。修复时有一只蓄电池电解液有轻微发黑的现象，用注射器吸出发黑的电解液，再加入新补充电解液。

4）等修复时间到后，再次将 4 只蓄电池接入检测端，检测放电到 10.5V，修复后放电时间分别为 1h53min、1h40min、1h30min、2h13min。

5）将 1h30min 的蓄电池淘汰不用，另找一只放电为 1h50min 的蓄电池进行配组装车，如图 4-51 所示。

第四章 蓄电池故障排除实例

图 4-50 上机修复

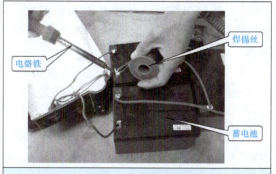

图 4-51 配组装车

十、台铃电动摩托车用 16V/14Ah 蓄电池更换 ★★★

(一) 用户反映

台铃电动摩托车跑不远,用户要求更换新蓄电池。该车采用 4 只 16V/14Ah 蓄电池串联,外形如图 4-52 所示。

(二) 故障排除过程

1) 用车钥匙打开车座锁具,如图 4-53 所示。用螺钉旋具松开断路器的固定螺钉,取下两条红色正极线,如图 4-54 所示。

图 4-52 台铃电动摩托车外形

图 4-53 打开车座锁具

2) 用螺钉旋具松开车座的固定螺钉,取下车座,如图 4-55 所示。

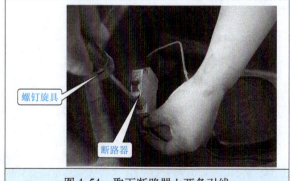

图 4-54 取下断路器上两条引线

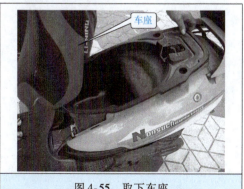

图 4-55 取下车座

3）然后用螺钉旋具松开固定蓄电池铁条的固定螺钉，取下固定铁条，如图4-56所示。

4）记住原蓄电池的总正极和总负极，下一步用螺钉旋具松开蓄电池的连接线固定螺钉，取下旧蓄电池，如图4-57所示。

5）用一组超威电池厂生产的新长威16V/14Ah蓄电池进行串联，然后打开电源锁试车，电动机旋转正常，最后将车座复原，如图4-58所示。

图4-56 取下固定铁条

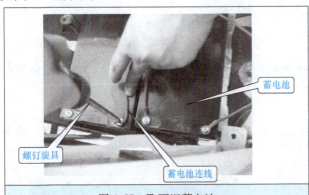

图4-57 取下旧蓄电池

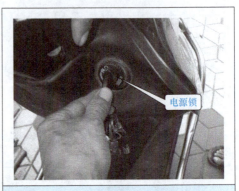

图4-58 打开电源锁试车

十一、小刀电动车仪表上有电，转动转把，电动机不转 ★★★

（一）用户反映

小刀电动车仪表上有电，转动转把但电动机不转，仪表上电量显示下降很快，判断蓄电池有故障。该车采用4只12V/12Ah蓄电池串联，外形如图4-59所示。

（二）故障排除过程

1）打开车座，从车上取下蓄电池盒，如图4-60所示，打开蓄电池检查，发现蓄电池变形严重，如图4-61所示，此故障是典型的蓄电池过充电所致。

图4-59 小刀电动车外形

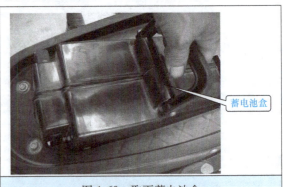

图4-60 取下蓄电池盒

第四章　蓄电池故障排除实例

2）用电烙铁焊开蓄电池连线，从蓄电池盒中取出旧蓄电池，用 4 只新蓄电池更换，按原连线方法进行串联，如图 4-62 所示。

3）将蓄电池盒装车，打开电源锁试车，运行正常，如图 4-63 所示。

图 4-61　蓄电池变形严重

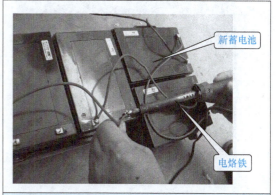

图 4-62　焊接蓄电池连线

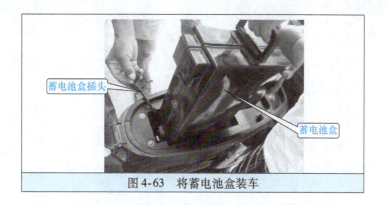

图 4-63　将蓄电池盒装车

十二、比德文电动摩托车转动转把，仪表上电量突然下降 ★★★

（一）用户反映

比德文电动摩托车转动转把，仪表上电量突然下降，判断蓄电池有故障，该车采用 4 只 12V/20Ah 蓄电池串联，该车外形如图 4-64 所示。

（二）故障排除过程

1）打开车座，关闭断路器，如图 4-65 所示，取出蓄电池盒，如图 4-66 所示。

2）打开蓄电池检查，发现蓄电池变形严重，需更换新蓄电池。取下旧蓄电池，记录原蓄电池连线方法，此车蓄电池的连线方法比较特殊，由两个蓄电池盒串联而成。先将一个蓄电池盒中两只蓄电池串联，留下正、负插座，如图 4-67 所示；然后将另一个蓄电池盒中的两只蓄电池串联，留下一个正极引线和一个负极引线插头，与第一个蓄电池盒插

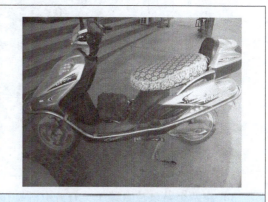

图 4-64　比德文电动摩托车外形

座的正、负极串联,最后形成48V蓄电池组,如图4-68所示。

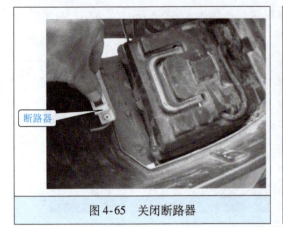

图4-65 关闭断路器

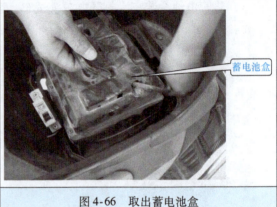

图4-66 取出蓄电池盒

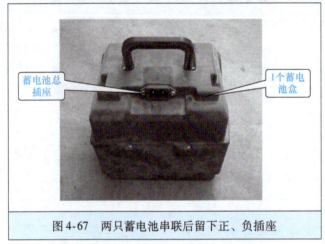

图4-67 两只蓄电池串联后留下正、负插座

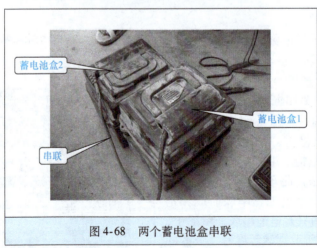

图4-68 两个蓄电池盒串联

3)将两个蓄电池盒装车,打开电源锁试车正常后,交用户使用。

> **专家指导**
>
> 豪华型电动车，凡是有两个蓄电池盒组成的蓄电池组，其蓄电池盒的连接方式有两种。一种是上例所介绍的串联形式，两个蓄电池用插头式串联线串联成48V蓄电池组，这种连接方式较多。另一种是两个蓄电池盒上都只有插座，蓄电池插头在电动车主线束上，这种蓄电池的连线与上例不同，两个蓄电池盒中分别都是串联成24V，其连线在整车主线束上，这种连接方式较少。维修人员在拆装时要注意观察区分。

十三、速派奇电动自行车装配超威电池 ★★★

（一）用户反映

速派奇电动自行车蓄电池丢失后，用户要求安装超威电池，该车采用4只12V/12Ah蓄电池串联，该车外形如图4-69所示。

（二）故障排除过程

1）首先选配蓄电池盒，该车蓄电池盒放置槽宽为7cm，如图4-70所示，用同型号蓄电池盒试放合适后，开始装配蓄电池。

图4-69 速派奇电动自行车

图4-70 蓄电池盒放置槽

2）首先安装好蓄电池盒电源插座，该车蓄电池盒插座与其他车型不同，此车插头L为正极，上部地线脚为负极，N为空脚，如图4-71所示。

图4-71 速派奇蓄电池盒电源插座

3）将一组超威12V/12Ah蓄电池放入蓄电池盒，按串联的方法用电烙铁焊接好连线，如图4-72所示。

4）将蓄电池盒安装好，如图4-73所示，装上整车，用手转动电动机，测量车上插头极性，如图4-74所示，极性相同后，插上蓄电池插头。

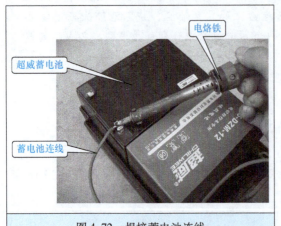

图4-72 焊接蓄电池连线

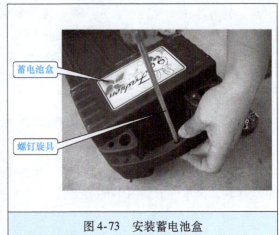

图4-73 安装蓄电池盒

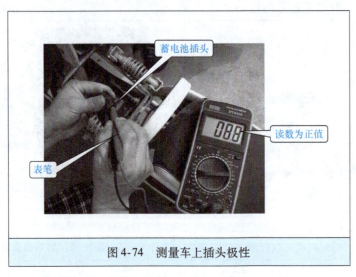

图4-74 测量车上插头极性

5）打开电源锁，转动转把，试车正常后，交用户使用。

> **特别提示**
>
> 更换新蓄电池，或更换蓄电池插头、插座时，最后一定要使用万用表对插头、插座的极性进行测量，测量确认插头与插座极性一致后，方可将插头插上插座试车，否则会烧坏控制器。测量方法是，将万用表档位旋钮旋到DC 20V档，将万用表表笔插在整车插头内，用手快速转动电动机，如果万用表上读数为正值，说明红表笔所接为正极；如果万用表上读数为负值，说明红表笔所接为负极。

第四章　蓄电池故障排除实例

十四、绿源电动摩托车充不进电，转动转把，仪表上的电量迅速下降 ★★★

（一）用户反映

绿源电动摩托车充不进电，转动转把，仪表上的电量迅速下降。该车采用48V/12Ah蓄电池，外形如图4-75所示。

（二）故障排除过程

1）检测充电器输出电压正常，如图4-76所示。

图4-75　绿源电动摩托车外形

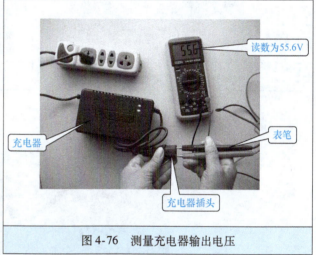

图4-76　测量充电器输出电压

2）检测充电端子正常，用万用表电压档测量蓄电池盒插头有50.5V电压，如图4-77所示。

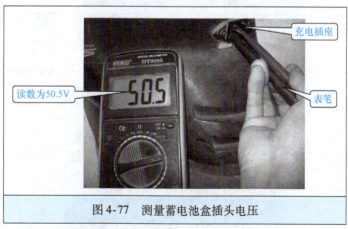

图4-77　测量蓄电池盒插头电压

3）从车上取下蓄电池盒，打开蓄电池盒，如图4-78所示。

4）用蓄电池检测表检测每只蓄电池均正常，如图4-79所示。

5）经检测蓄电池无故障，然后用手触动蓄电池连线，检查发现蓄电池连线虚焊，如图4-80所示。

6）用电烙铁对虚焊的连线重新进行焊接，如图4-81所示。

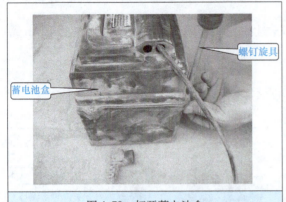

图4-78 打开蓄电池盒

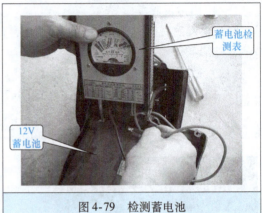

图4-79 检测蓄电池

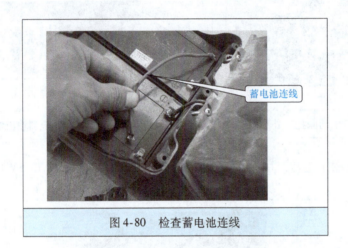

图4-80 检查蓄电池连线

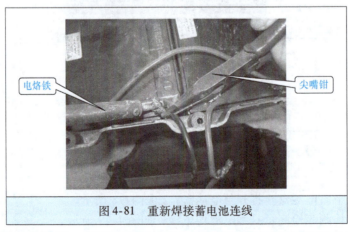

图4-81 重新焊接蓄电池连线

7）检查无其他故障后，将蓄电池盒复原，装车试验，充电器充电正常，如图4-82所示。

第四章 蓄电池故障排除实例

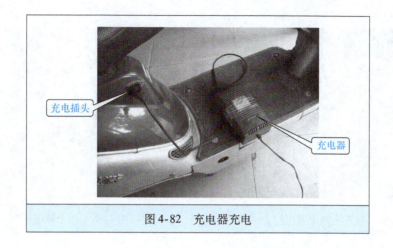

图 4-82 充电器充电

十五、雅迪电动摩托车仪表有电,电动机起动后就停转 ★★★

(一)用户反映

雅迪电动摩托车仪表有电,电动机起动后就停转。该车采用 48V/20Ah 蓄电池组,外形如图 4-83 所示。

(二)故障排除过程

1)打开电源锁,转动转把试车,观察仪表上的电量下降很快,如图 4-84 所示。

2)询问用户蓄电池已使用 2 年多,判断蓄电池寿命已尽,应更换新蓄电池。从车上取下蓄电池盒,如图 4-85 所示。

3)此种电动摩托车蓄电池连接方法比较特殊,由两个蓄电池盒串联而成,如图 4-86所示。分别打开蓄电池盒检测,发现蓄电池变形严重,取出旧蓄电池,如图 4-87 所示。

图 4-83 雅迪电动摩托车外形

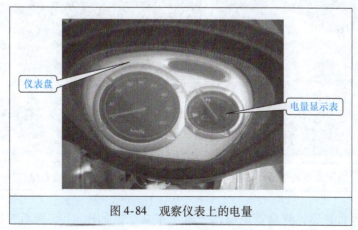

图 4-84 观察仪表上的电量

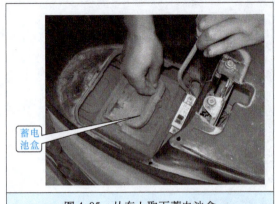

图 4-85 从车上取下蓄电池盒

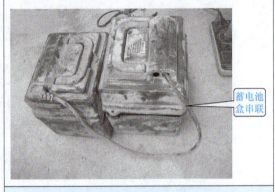

图 4-86 两个蓄电池盒串联

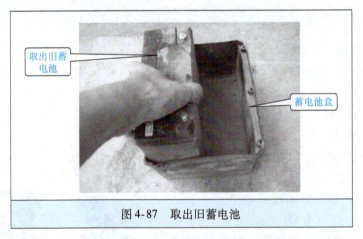

图 4-87 取出旧蓄电池

4）用一组新超威 48V/20Ah 蓄电池串联代换旧蓄电池，使用螺钉旋具固定蓄电池连线，如图 4-88 所示。

5）连接好后，用手触动蓄电池连线，检查蓄电池连线是否有虚接，如图 4-89 所示。

图 4-88 固定蓄电池连线

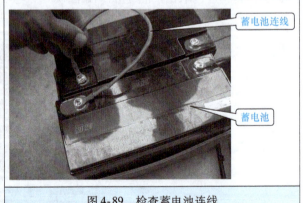

图 4-89 检查蓄电池连线

6）将蓄电池盒复原，测量蓄电池组总电压正常后，如图 4-90 所示，装车试验，运行正常。

第四章 蓄电池故障排除实例

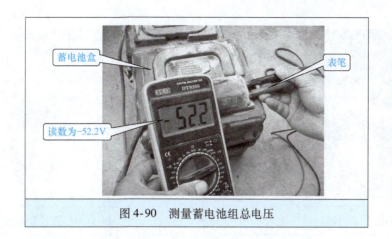

图 4-90 测量蓄电池组总电压

十六、立马电动摩托车充电 8h 充电器指示灯仍不转绿灯 ★★★

(一) 用户反映

立马电动摩托车充电 8h 充电器指示灯仍不转绿灯。该车采用 4 只 12V/12Ah 蓄电池串联，外形如图 4-91 所示。

(二) 故障排除过程

1) 首先将充电器接通交流电，不接蓄电池，观察充电器指示灯绿灯亮，说明充电器正常，如图 4-92 所示。

2) 下一步检测蓄电池，询问用户蓄电池已使用一年多，判断蓄电池缺电解液，给蓄电池补电解液，取下蓄电池盒，发现蓄电池盒插头烧坏，如图 4-93 所示。先更换新插头，如图 4-94 所示，注意插头极性与蓄电池盒插座极性对应，以免烧坏控制器。检测方法，可用手转动电动机，然后万用表直流电压档，测量插头的极性，如果万用表显示负值，说明红表笔所接的为负极，如图 4-95 所示；如果万用表读数为正值，说明红表笔所接的为正极，如图 4-96 所示。

图 4-91 立马电动摩托车外形

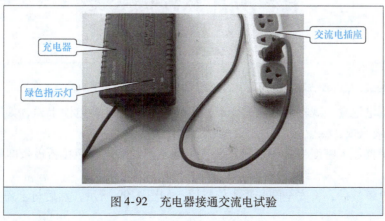

图 4-92 充电器接通交流电试验

图 4-93　蓄电池盒插头烧坏

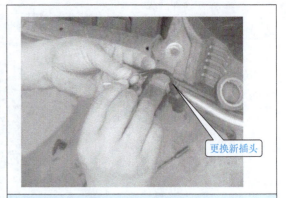

图 4-94　更换新插头

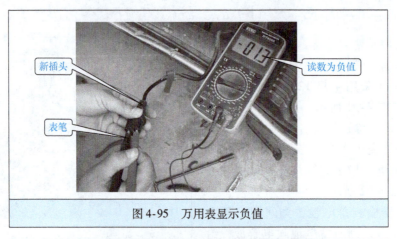

图 4-95　万用表显示负值

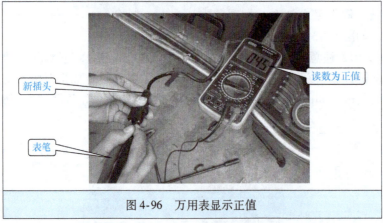

图 4-96　万用表显示正值

3）打开蓄电池盒，观察蓄电池无变形，用螺钉旋具打开蓄电池上盖，如图 4-97 所示，取下安全阀和吸水棉，保留备用。

4）用注射器加入密度为 1.03g/m^3 的补充电解液，加到电解液覆盖极板即可，如图 4-98 所示。

5）加好电解液后，将安全阀和吸水棉复原，如图 4-99 所示，然后将上盖封好，将蓄电池盒复原装车。

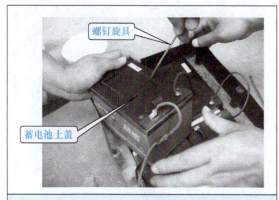

图 4-97 打开蓄电池上盖

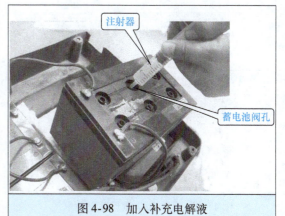

图 4-98 加入补充电解液

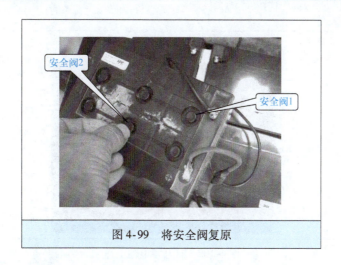

图 4-99 将安全阀复原

十七、超威 48V/12Ah 蓄电池修复 ★★★

（一）用户反映

超威 48V/12Ah 蓄电池，使用一年多，用户要求修复再利用。

（二）修复过程

1）首先用万用表测量蓄电池电压为 11.8V，说明蓄电池电压在正常范围，如图 4-100 所示。

2）用蓄电池检测表测量蓄电池容量，指针不低于红色刻度（10.5V），说明蓄电池无断格、短路故障，如图 4-101 所示。

3）经过以上测量，说明蓄电池无断格、短路故障，主要是硫化，可以上机修复。用螺钉旋具打开蓄电池上盖，取下安全阀和吸水棉，如图 4-102 所示。

4）用注射器加入补充电解液，加满为止，如图 4-103 所示。

5）将加满电解液的蓄电池接入 LY–10 蓄电池检测修复组合柜放电端，选择 5A 放电电流进行放电，放电到 10.5V 时，3 只蓄电池记录放电时间为 30min 左右，然后关闭报警开关，将蓄电池深放电到 3V 左右。放电检测如图 4-104 所示。

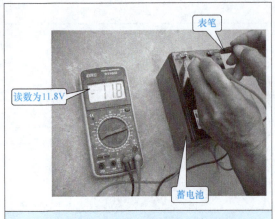
图 4-100　用万用表测量蓄电池电压

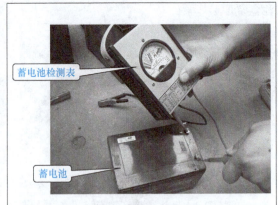
图 4-101　用蓄电池检测表测量蓄电池容量

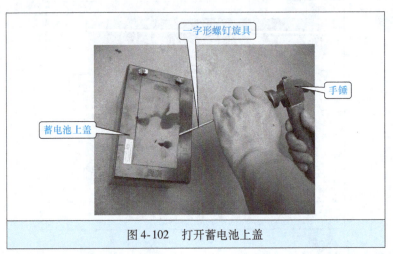
图 4-102　打开蓄电池上盖

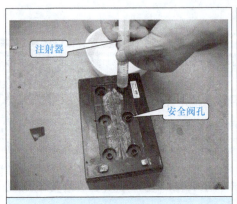
图 4-103　加入补充电解液

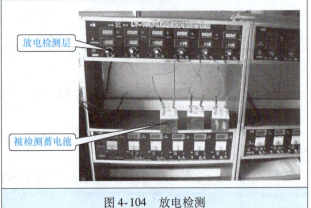
图 4-104　放电检测

6）深放电时间到后，将蓄电池接入 LY–10 蓄电池检测修复组合柜修复端，上机修复 10h，如图 4-105 所示。

7）将修复时间到后的3只蓄电池再次接入放电端，进行放电检测，放电到10.5V，记录放电时间，3只蓄电池放电时间分别1h50min、1h45min、1h52min，说明蓄电池容量基本一样，可以配组使用。

8）将放电到10.5V的蓄电池再次接入修复端，修复充电10h，然后关机，取下蓄电池，让蓄电池晾1h，倒出多余的电解液，擦净上盖，将蓄电池上盖封好，蓄电池修复完毕，如图4-106所示。

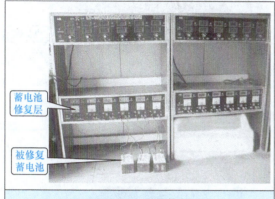

图4-105　上机修复

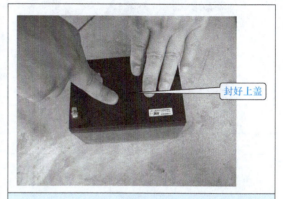

图4-106　封口

故障总结

蓄电池修复前要先对蓄电池进行检测，如蓄电池出现鼓包、变形则不能修复，蓄电池有断格、短路故障不能修复。

蓄电池修复一般经过"两放两充"，封口前一定要倒出多余的电解液，以免过多的电解液流出，腐蚀蓄电池极柱和连线。

十八、绿佳电动摩托车蓄电池更换 ★★★

（一）用户反映

绿佳电动摩托车用户要求更换新蓄电池，该车采用48V/20Ah蓄电池组，外形如图4-107所示。

（二）故障排除过程

1）首先打开车座，这种电动摩托车，车座锁具可用整车电源钥匙打开，向左转动是打开车座，如图4-108所示，向右转动是打开整车电源。

2）取出两个蓄电池盒，如图4-109所示。用螺钉旋具打开蓄电池盒，记录原蓄电池引线的连接方法，然后松开蓄电池连线，取出旧蓄电池，如图4-110所示。

3）将一组超威48V/20Ah蓄电池放入蓄电池盒，用螺钉旋具将连线安装固定好，然后将蓄电池盒上盖复原，如图4-111所示。

4）将两个蓄电池串联，测量蓄电池的总电压和插座极性，确认正确后，将蓄电池盒装上整车，试车正常后，交用户使用。测量蓄电池的总电压如图4-112所示。

图 4-107　绿佳电动摩托车外形

图 4-108　打开车座

图 4-109　取出两个蓄电池盒

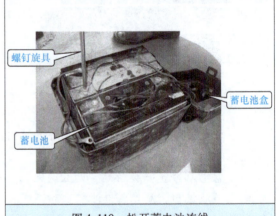

图 4-110　松开蓄电池连线

图 4-111　连接新蓄电池

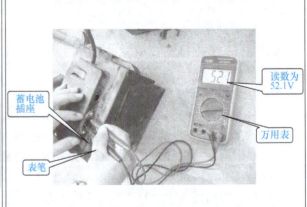

图 4-112　测量蓄电池的总电压

> **知识链接**
>
> 大多数电动车打开车座的方法是用车座右侧下面的车座锁具打开。也有少数电动摩托车是用电源钥匙打开车座，打开方法是将电源锁向下按，并向左旋转，即可打开车座，上例中所介绍的车型就是用电源锁打开车座。

十九、小刀电动摩托车转动转把后，电动车骑行速度慢，没有力量 ★★★

（一）用户反映

小刀电动摩托车转动转把后，骑行速度慢，没有力量，该车外形如图 4-113 所示。

（二）故障排除过程

1）首先支起大支架，打开电源锁，转动转把试车，观察仪表上的电量显示，电量下降很快，说明蓄电池有故障，如图 4-114 所示。

图 4-113　小刀电动摩托车外形

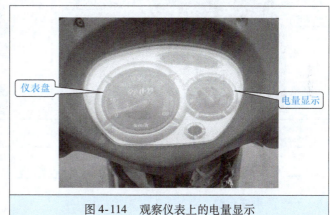

图 4-114　观察仪表上的电量显示

2）打开车座，关闭断路器，如图 4-115 所示。

3）取出蓄电池盒，如图 4-116 所示。打开蓄电池盒，检查发现蓄电池变形鼓包，如图 4-117 所示。

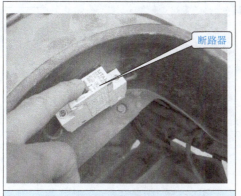

图 4-115　关闭断路器

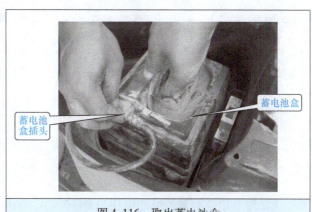

图 4-116　取出蓄电池盒

4）用万用表测量单只蓄电池有12.9V电压，如图4-118所示，用蓄电池检测表测量蓄电池低于红刻度线（10.5V），说明蓄电池带载能力差，应报废。用蓄电池检测表测量如图4-119所示。

5）记录原蓄电池连线方法，取下旧蓄电池，用一组修复好的48V/12Ah蓄电池代换，故障排除。更换蓄电池如图4-120所示。

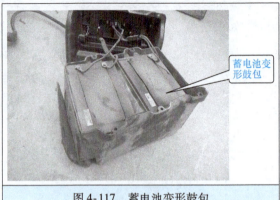

图4-117 蓄电池变形鼓包

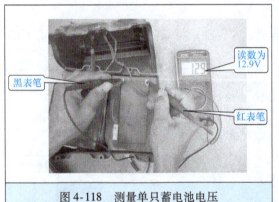

图4-118 测量单只蓄电池电压

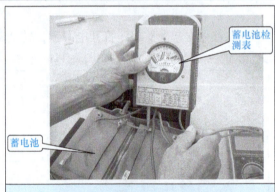

图4-119 用蓄电池检测表测量

二十、电动摩托车用12V/5Ah蓄电池修复 ★★★

（一）用户反映

新购买的电动摩托车蓄电池，由于摩托车有故障放电后，不能电起动。摩托车采用1只12V/5Ah蓄电池，其外形如图4-121所示。

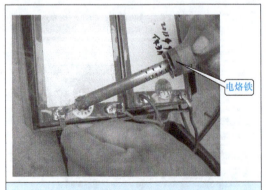

图4-120 更换蓄电池

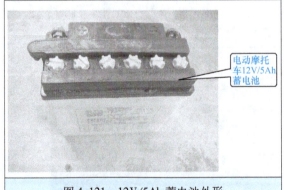

图4-121 12V/5Ah蓄电池外形

（二）故障排除过程

1）用万用表测量蓄电池电压只有12.2V，如图4-122所示。用蓄电池检测表与万用表并联，测量蓄电池容量没有下降，说明蓄电池无故障，主要是亏电所致，可以用修复仪进行

第四章 蓄电池故障排除实例

修复。用蓄电池检测表测量蓄电池如图 4-123 所示。

2）用尖嘴钳取下安全阀，如图 4-124 所示，然后用注射器加入补充电解液，加到最高液面线刻度即可，如图 4-125 所示。

3）然后将加好电解液的蓄电池接入修复机修复端子，在 1.8A 电流下修复充电 4h，如图 4-126 所示。

4）修复时间到后，关闭修复开关，取下蓄电池，将安全阀复原，装车打火试验，摩托车起动正常。将安全阀复原如图 4-127 所示。

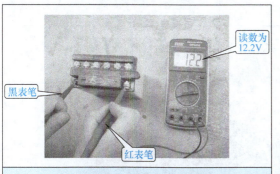

图 4-122　测量蓄电池电压

图 4-123　用蓄电池检测表测量蓄电池

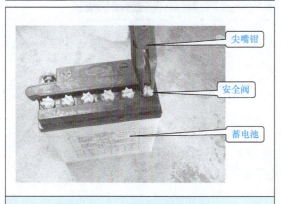

图 4-124　用尖嘴钳取下安全阀

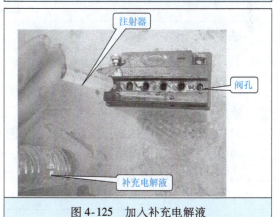

图 4-125　加入补充电解液

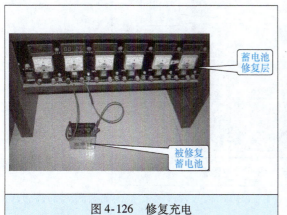

图 4-126　修复充电

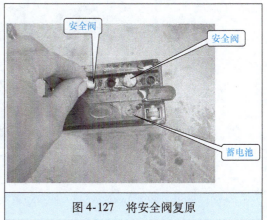

图 4-127　将安全阀复原

二十一、台铃电动摩托车蓄电池鼓包变形 ★★★

（一）用户反映

台铃电动摩托车骑行路程变短，充不进电，该车外形如图 4-128 所示。

（二）故障排除过程

1）询问用户，蓄电池已使用 2 年多，判断蓄电池有故障，需取下蓄电池检查。该车需打开车座，用车座下的开关打开蓄电池盒提手，才能提出蓄电池盒。如图 4-129 所示。

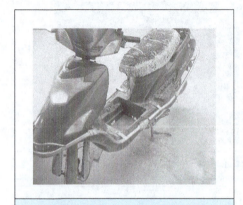

图 4-128　台铃电动摩托车外形

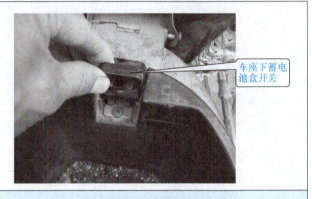

图 4-129　打开蓄电池盒提手

2）从车上取下蓄电池盒，如图 4-130 所示。用螺钉旋具松开蓄电池盒固定螺钉，打开蓄电池盒上盖，如图 4-131 所示。

3）检查发现蓄电池变形鼓包严重，如图 4-132 所示，需更换新蓄电池。

4）记录原蓄电池组的总正极和总负极，用电烙铁焊开蓄电池连线，用一组超威电池厂生产的超威 48V/12Ah 蓄电池代换，并用电烙铁焊接好蓄电池连线，如图 4-133 所示。

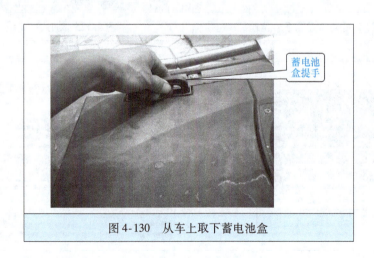

图 4-130　从车上取下蓄电池盒

第四章 蓄电池故障排除实例

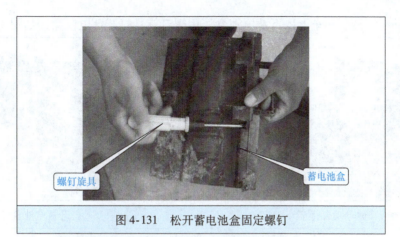

图 4-131　松开蓄电池盒固定螺钉

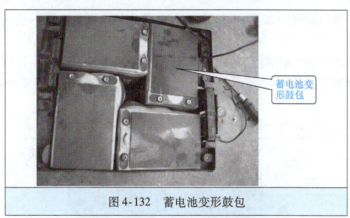

图 4-132　蓄电池变形鼓包

图 4-133　焊接好蓄电池连线

5）将蓄电池盒复原，装车试转，运行正常，交用户使用。

二十二、飞鸽电动自行车充电时蓄电池发热 ★★★

（一）用户反映

飞鸽电动自行车充电时蓄电池发热，该车采用 48V/12Ah 蓄电池组，该车外形如图 4-134 所示。

（二）故障排除过程

1）询问用户蓄电池使用有 1 年多，充电时蓄电池发热，判断蓄电池缺电解液，需打开蓄电池进行补电解液。从车上取下蓄电池盒，用螺钉旋具打开蓄电池盒，如图4-135所示。

图4-134　飞鸽电动自行车外形

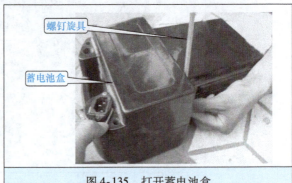

图4-135　打开蓄电池盒

2）用小号一字形螺钉旋具逐一卸下螺钉打开蓄电池上盖，并取下安全阀和吸水棉，如图4-136所示。

3）用注射器加入补充电解液，加到电解液覆盖极板即可，如图4-137所示。

4）将加好电解液的蓄电池安全阀和吸水棉复原，用PVC胶将蓄电池上盖封好，如图4-138所示。

5）将蓄电池盒复原，装车试转，电动自行车正常，交用户使用。

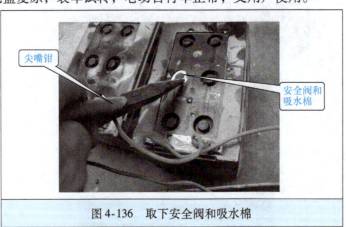

图4-136　取下安全阀和吸水棉

图4-137　加入补充电解液

图4-138　用PVC胶将蓄电池上盖封好

第四章　蓄电池故障排除实例

 经验总结

对于使用1年多的蓄电池，如果充电10h，充电器仍不变绿灯，并伴有蓄电池发热现象，可将充电器空载接通交流电试验，如果充电器亮绿灯，说明充电器指示灯正常，大多是蓄电池使用1年后缺电解液造成，将蓄电池补电解液即可排除故障。给蓄电池补电解液时，应注意"宁少勿多"，一般情况下，补到覆盖极板即可。如果补得过多，相反会造成酸液外漏，腐蚀蓄电池连线和极柱。

第五章

机械和其他故障排除实例

一、雅迪电动自行车前车轮有杂音 ★★★

(一) 用户反映

雅迪电动自行车前车轮有杂音,该车外形如图 5-1 所示。

(二) 故障排除过程

1) 用专用支架(维修人员可自制方形木质或铁质支架,用于在日常维修中起支撑作用)支起前车轮,如图 5-2 所示。

图 5-1　雅迪电动自行车外形

图 5-2　支起前车轮

2) 首先松开前刹车线,如图 5-3 所示。用扳手松开前车轮轴上的固定螺母,如图 5-4 所示。

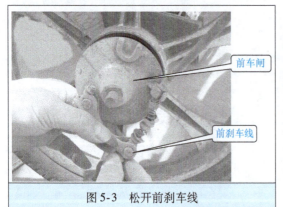

图 5-3　松开前刹车线

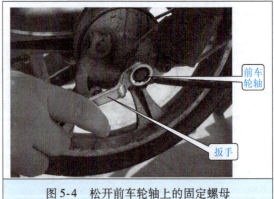

图 5-4　松开前车轮轴上的固定螺母

3）取下前车轮检查，发现前车轮涨闸块弹簧断裂，如图 5-5 所示，需更换新涨闸块，观察刹车块的型号是木兰 50 型，用同型号的更换，如图 5-6 所示。

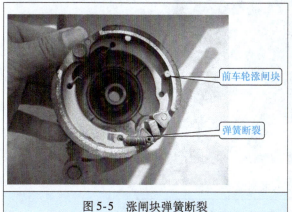

图 5-5　涨闸块弹簧断裂

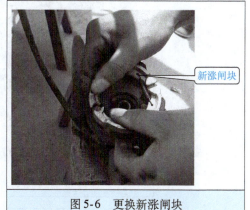

图 5-6　更换新涨闸块

4）下一步检查前车轮轴承，用手转动轴承试验，如图 5-7 所示，轴承间隙过大，需更换新轴承。

5）先用一字形螺钉旋具对准旧轴承，然后用手锤击打螺钉旋具，取下旧轴承，如图 5-8 所示。

6）观察旧轴承型号为 6200（轴承型号一般印在轴承的油封上），用同型号的新轴承更换。先将新轴承按原位置放好，然后用手锤击打新轴承外径，将轴承安装到位，如图 5-9 所示。

图 5-7　用手转动轴承试验

图 5-8　取下旧轴承

7）对安装好的新轴承进行检查，发现一侧前车轮轴承外径部位松动（俗称跑外圆），轴承安装不牢固，用几个丝厚的薄铜片对轴承安装孔进行处理，故障排除。

8）最后将前车轮复位，安装好前刹车块，调整前刹车线，用扳手固定好前车轮轴螺母，如图 5-10 所示。

图 5-9　安装新轴承

图 5-10　将前车轮复位

经验总结

此故障由于用户轴承损坏后，长期不维修，造成前车轮安装孔磨损，典型的小故障不修，造成大故障。另外在更换轴承时，最好两个轴承同时更换。

二、爱玛电动自行车车把在骑行时摆动 ★★★

（一）用户反映

爱玛电动自行车车把松动，骑行时前车把摆动，该车外形如图 5-11 所示。

（二）故障排除过程

1）首先用双手握紧车把，左右摆动试验，车把松动，间隙过大，观察发现车把八件碗损坏，需更换新八件碗，如图 5-12 所示。

2）更换八件碗时需要打开前车罩，如图 5-13 所示。取下转把、刹把引线。用扳手松开车把上的固定螺栓，抽出车把，如图 5-14 所示。

3）取下旧八件碗，将同型号的八件碗安装好，将车把复位，用管子钳固定好八件碗，如图 5-15 所示。

图 5-11　爱玛电动自行车外形

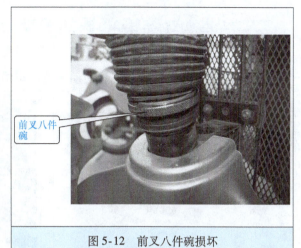

图 5-12　前叉八件碗损坏

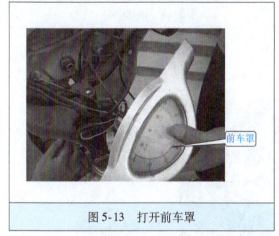

图 5-13　打开前车罩

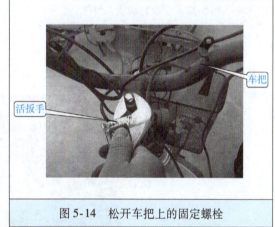

图 5-14　松开车把上的固定螺栓

4）双手紧握车把，将车把校正，如图 5-16 所示，然后用扳手固定好车把。

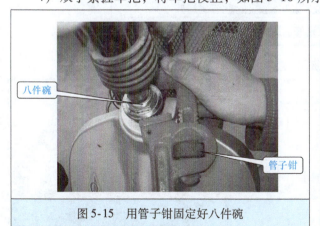

图 5-15　用管子钳固定好八件碗

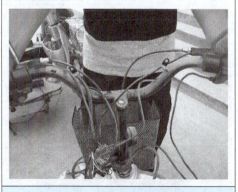

图 5-16　校正车把

5）最后将前车罩复原，检修完毕。更换好的新八件碗如图 5-17 所示。

三、立马电动自行车后车轮轴螺母松动，造成车闸转动损坏电动机引线 ★★★

（一）用户反映

立马电动自行车后车轮轴螺母松动，造成车闸转动损坏电动机引线，如图5-18所示。

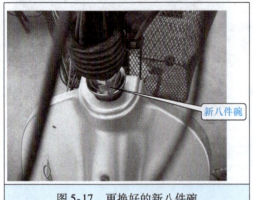

图5-17 更换好的新八件碗

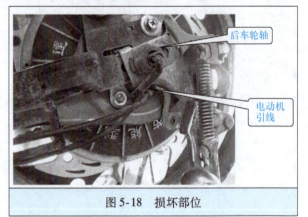

图5-18 损坏部位

（二）故障排除过程

1）用扳手松开后车轮轴固定螺母，如图5-19所示。取下后支架，如图5-20所示。

图5-19 松开后车轮轴固定螺母

2）从车上取下电动机，如图5-21所示。

图5-20 取下后支架

图5-21 取下电动机

3）观察原车闸已损坏，型号为 100mm，更换新的带锁电动机随动闸，新带锁随动闸如图 5-22 所示。更换新随动闸如图 5-23 所示。

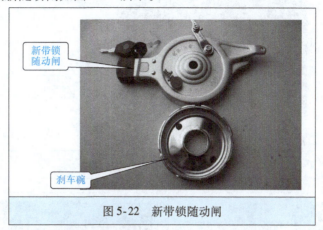

图 5-22　新带锁随动闸

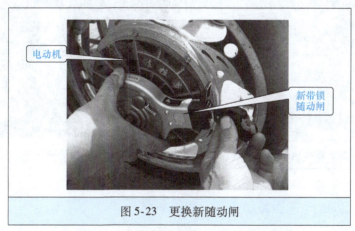

图 5-23　更换新随动闸

4）重新连接好损坏的电动机引线，并用绝缘胶带包好，如图 5-24 所示。

图 5-24　连接好电动机引线

5）将电动机装车，用扳手固定好螺母，如图 5-25 所示。
6）调整后刹车，用套筒扳手固定好，如图 5-26 所示。
7）用钥匙锁死电动机试验，正常后交用户使用，如图 5-27 所示。

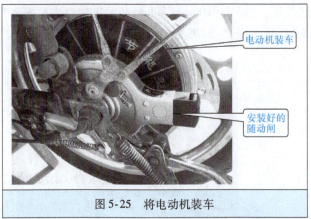

图 5-25　将电动机装车

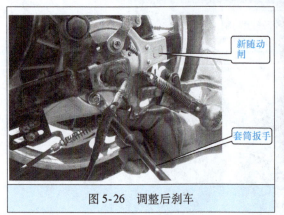

图 5-26　调整后刹车

图 5-27　锁死电动机试验

四、新日电动自行车后减振断裂 ★★★

（一）用户反映

新日电动自行车后减振断裂，该车外形如图 5-28 所示。

（二）故障排除过程

1）观察后减振损坏情况，发现左右两侧后减振螺栓松脱，如图 5-29 所示，由于减振采用铝材质，易造成螺栓松脱，需要更换新减振。

图 5-28　新日电动自行车外形

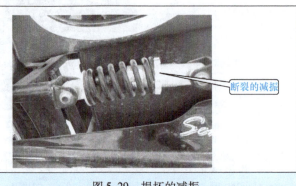

图 5-29　损坏的减振

2）首先拔下蓄电池盒插头，取下蓄电池盒，如图 5-30 所示，用内六角扳手松开后减振固定螺钉，如图 5-31 所示，取下旧减振，损坏的旧减振螺母如图 5-32 所示。

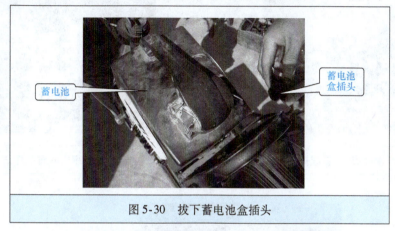

图 5-30　拔下蓄电池盒插头

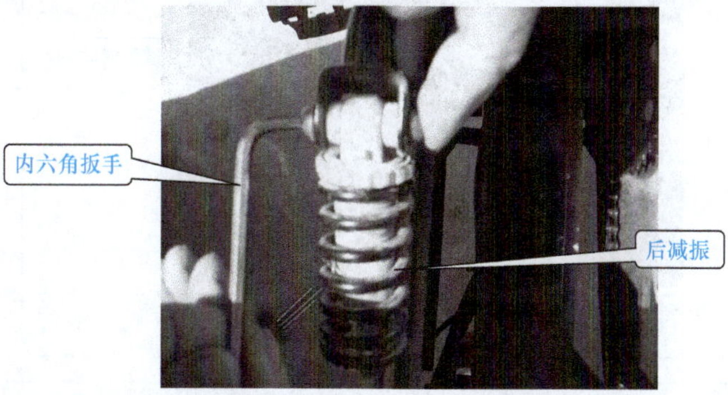

图 5-31　松开后减振固定螺钉

3）用相同型号的减振更换，将新减振按原位置安装好，用内六角扳手固定好。新减振如图 5-33 所示，用内六角扳手固定如图 5-34 所示。

4）调整两侧的新减振，使左右两侧平衡，如图 5-35 所示。

5）安装好的新减振如图 5-36 所示。

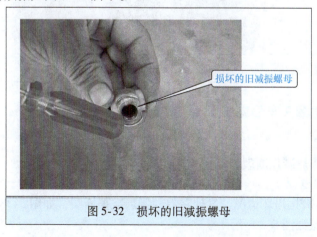

图 5-32　损坏的旧减振螺母

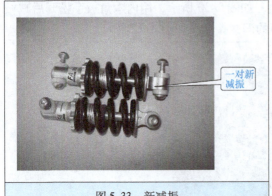

图 5-33　新减振

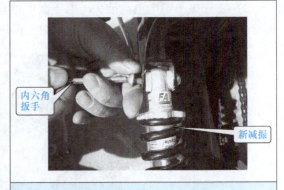

图 5-34　用内六角扳手固定

图 5-35　调整两侧新减振

图 5-36　安装好的新减振

五、小鸟电动摩托车后减振断裂 ★★★

（一）用户反映

小鸟电动摩托车后减振断裂，该车外形如图 5-37 所示。

（二）故障排除过程

1）首先观察后减振损坏情况，发现左右两侧后减振断裂，如图 5-38 所示，需要更换新减振。同型号新减振如图 5-39 所示。

第五章　机械和其他故障排除实例

图 5-37　小鸟电动摩托车外形

图 5-38　后减振断裂

2）由于螺母生锈，事先用缝纫机油对螺母浸润，如图 5-40 所示。用扳手松开后减振固定螺母，如图 5-41 所示。

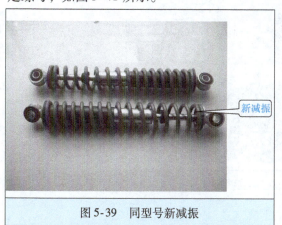

图 5-39　同型号新减振

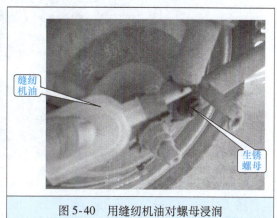

图 5-40　用缝纫机油对螺母浸润

3）将新减振与旧减振对比，如图 5-42 所示，长度相同，将新减振安装好，并用扳手固定好螺母，如图 5-43 所示。

图 5-41　松开后减振固定螺母

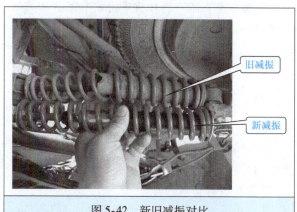

图 5-42　新旧减振对比

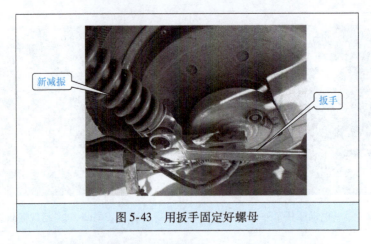

图 5-43 用扳手固定好螺母

4）安装好的左右两侧新减振如图 5-44 所示。

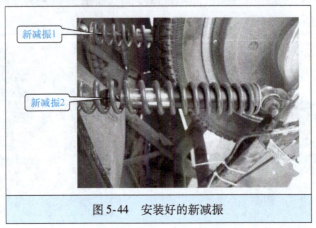

图 5-44 安装好的新减振

> **专家点评**
>
> 此两例是典型的超载造成的故障，国家标准规定电动自行车额定载重量为 75kg，是依据一个正常人的体重得出的数据。如果用户长期超载或载人行驶，会损坏后减振或其他部件。另外，更换新减振时，一般要将两个减振同时换新，以利电动车两侧平衡。

六、爱玛电动自行车车座损坏 ★★★

（一）用户反映

爱玛电动自行车车座损坏，用户要求更换新车座。该车外形如图 5-45 所示，新车座外形如图 5-46 所示。

（二）故障排除过程

1）用手扳动车座下面的固定销，打开车座，如图 5-47 所示。

2）用扳手松开车座的固定螺母，如图 5-48 所示，取下旧车座。

第五章　机械和其他故障排除实例

图 5-45　爱玛电动自行车外形

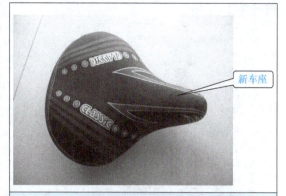

图 5-46　新车座外形

图 5-47　打开车座

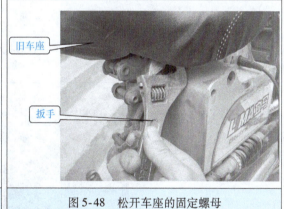

图 5-48　松开车座的固定螺母

3）将新车座安装好，并进行高、低、左、右校正，用扳手固定好，如图 5-49 所示。

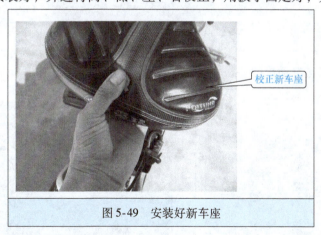

图 5-49　安装好新车座

七、速派奇电动自行车更换带锁随动闸 ★★★

（一）用户反映

速派奇电动自行车用户要求更换带锁随动闸，该车外形如图 5-50 所示。带锁随动闸外形如图 5-51 所示。

图 5-50　速派奇电动自行车外形

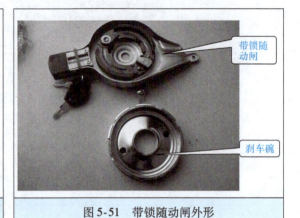

图 5-51　带锁随动闸外形

（二）故障排除过程

1）支起后车轮，用螺钉旋具松开车罩的固定螺钉，如图 5-52 所示，取下车罩，找到控制器，如图 5-53 所示。

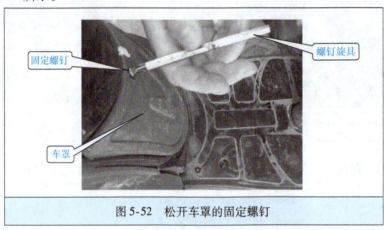

图 5-52　松开车罩的固定螺钉

2）拔下控制器与电动机的 8 根连线，如图 5-54 所示。

图 5-53　找到控制器

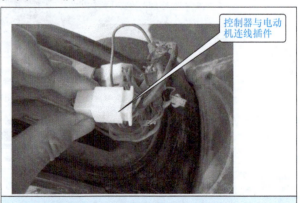

图 5-54　拔下控制器与电动机的连线

3）用小针从插件内取出霍尔元件的 5 根引线，以便取下和安装车闸，如图 5-55 所示。

4）用扳手松开电动机轴上的固定螺母，如图 5-56 所示，用套筒扳手松开车闸的固定螺钉，如图 5-57 所示。

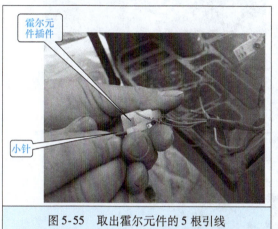

图 5-55　取出霍尔元件的 5 根引线

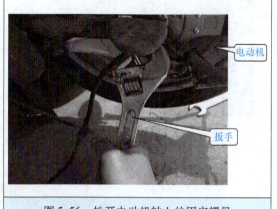

图 5-56　松开电动机轴上的固定螺母

5）从车上依次取下后支架和电动机，如图 5-58 所示。

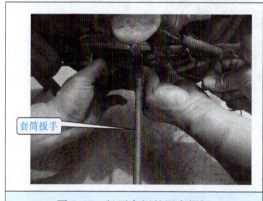

图 5-57　松开车闸的固定螺钉

图 5-58　从车上取下后支架和电动机

6）将电动机放在木板上，用手锤击打铁棒，取下车闸碗，如图 5-59 所示。用相反的方法安装好车闸碗，一定使车闸碗安装到位。

7）车闸碗与随动闸之间一般有 2 个垫片，要先将电动机引线穿入垫片，然后将电动机引线穿入随动闸内孔，安装好随动闸，如图 5-60 所示。

8）将电动机装车复原，依次固定好链条、车闸，然后调整刹车线，如图 5-61 所示。

9）最后将电动车与控制器的 8 根引线接好，试车正常后，交用户使用，如图 5-62 所示。

专家指导

更换后车闸时，要注意车闸内、外均有铁垫片，这样车闸才能保持一条线，有的车闸内有 1 个或 2 个。最好拆装前做好记录，安装时按原垫片数量安装，另外，刹车碗一定要安装到位，以免安装后出现车闸相碰，导致出现故障。

图 5-59　取下车闸碗

图 5-60　安装好随动闸

图 5-61　固定好车闸

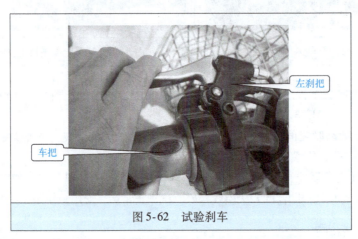

图 5-62　试验刹车

八、爱玛电动自行车前刹车失灵　★★★

（一）用户反映

爱玛电动自行车前刹车失灵，用户要求检修，该车外形如图 5-63 所示。

第五章　机械和其他故障排除实例

（二）故障排除过程

1）首先观察前刹车线调整螺母，发现已调整至终点，需要更换新刹车块，如图 5-64 所示。

图 5-63　爱玛电动自行车外形

图 5-64　前刹车线调整螺母

2）用扳手松开前车轮轴的固定螺母，如图 5-65 所示，从车上取下前车轮，如图 5-66 所示。

图 5-65　松开前车轮轴的固定螺母

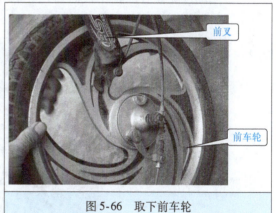

图 5-66　取下前车轮

3）从前车轮上取下刹车总成，如图 5-67 所示，然后取下旧刹车块，如图 5-68 所示。

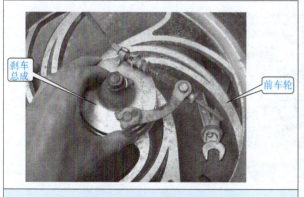

图 5-67　取下刹车总成

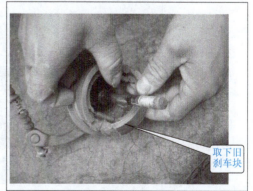

图 5-68　取下旧刹车块

4）观察刹车块为木兰 50 型，用同型号的新刹车块替换，如图 5-69 所示和图 5-70 所示。

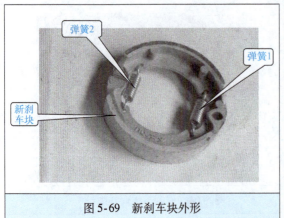

图 5-69　新刹车块外形

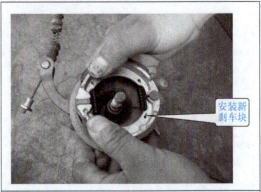

图 5-70　更换新刹车块

5）检查前车轮轴承，发现轴承间隙过大，需更换新轴承，如图 5-71 所示。

6）用螺钉旋具对准轴承，然后用手锤击打螺钉旋具，即可取下旧轴承，如图 5-72 所示。

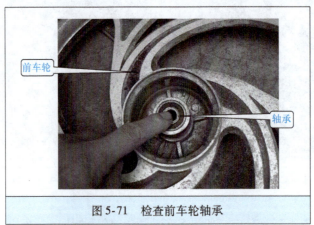

图 5-71　检查前车轮轴承

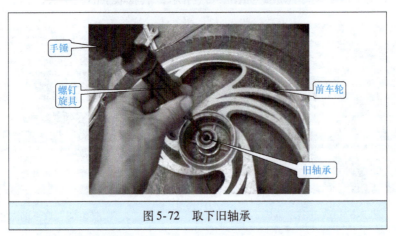

图 5-72　取下旧轴承

7）将同型号的新轴承放在原轴承位置，然后用手锤击打轴承外径，使轴承安装到位，如图5-73所示。安装好的新轴承如图5-74所示。

图5-73　安装新轴承

8）轴承更换好后，将前车轮刹车总成安装好，如图5-75所示。

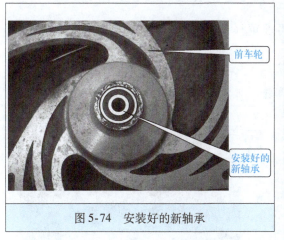

图5-74　安装好的新轴承

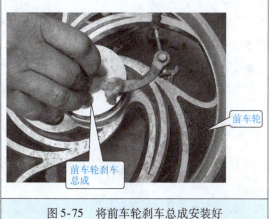

图5-75　将前车轮刹车总成安装好

9）最后将前车轮装上，用扳手将前车轮轴螺母紧固，如图5-76所示。

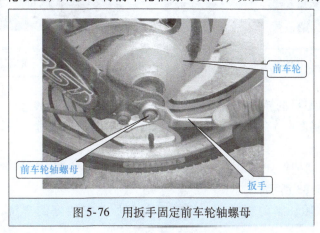

图5-76　用扳手固定前车轮轴螺母

10）调整好前刹车，试验刹车正常后，交用户使用，如图5-77所示。

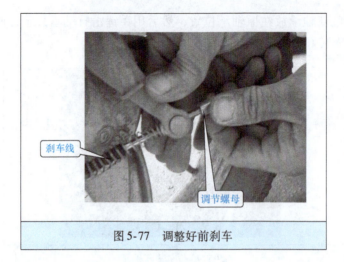

图 5-77　调整好前刹车

九、立马电动摩托车前刹车线断裂 ★★★

（一）用户反映

立马电动摩托车前刹车线断裂，用户要求更换新刹车线。立马电动摩托车外形如图 5-78 所示。

（二）故障排除过程

1）用扳手松开倒车镜固定螺母，取下倒车镜，如图 5-79 所示。

图 5-78　立马电动摩托车外形

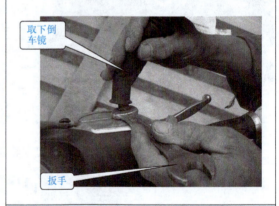

图 5-79　取下倒车镜

2）首先找到同型号的新刹车线，电动摩托车刹车线外皮和线芯通常做成一体的，如图 5-80 所示。然后将新刹车线与旧刹车线捆绑好，抽出旧刹车线时，一起将新刹车线穿好，如图 5-81 所示。

3）将新刹车线刹把部分安装好，如图 5-82 所示。然后将刹车线调整螺母安装好，并调整刹车间距，如图 5-83 所示。

4）手捏刹把试验，制动正常后，将前车罩复原，安装好倒车镜，交用户使用，如图 5-84 所示。

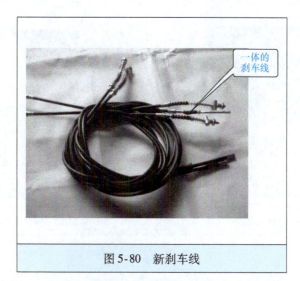

图 5-80　新刹车线

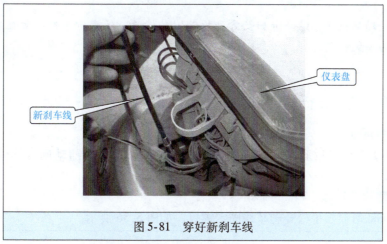

图 5-81　穿好新刹车线

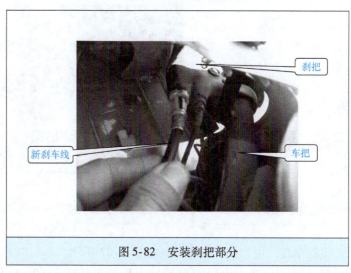

图 5-82　安装刹把部分

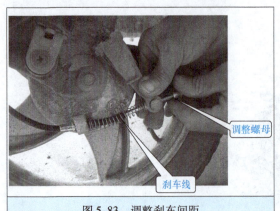
图 5-83 调整刹车间距

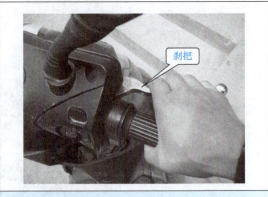
图 5-84 手捏刹把试验

> **经验总结**
>
> 立马电动摩托车,维修时如果需要拆卸倒车镜时,注意倒车镜安装丝孔为反丝,即逆时针为安装,顺时针为拆卸。

十、阿米尼电动自行车后刹车线芯断裂 ★★★

(一)用户反映

阿米尼电动自行车后刹车线芯断裂,刹车失灵。该车采用随动闸,其外形如图 5-85 所示。

(二)故障排除过程

1)用 10mm 套筒扳手松开刹车线固定螺钉,如图 5-86 所示。

图 5-85 阿米尼电动自行车外形　　图 5-86 松开刹车线固定螺钉

2)用老虎钳夹住刹车线,用力抽出刹车线,如图 5-87 所示。

3)电动自行车刹车线芯和线皮可分别更换,由于刹车线皮正常,这里只更换线芯即可,将新刹车线芯穿入刹车线外皮,如图 5-88 所示。

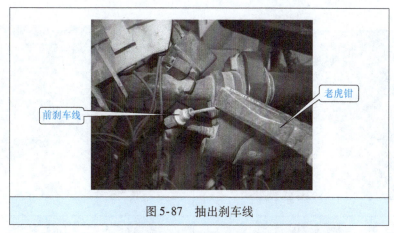

图 5-87 抽出刹车线

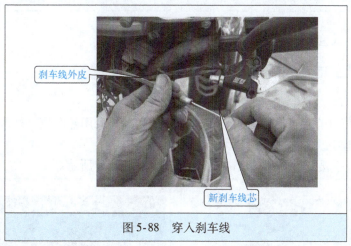

图 5-88 穿入刹车线

4）将刹车线固定销安装到刹把内，如图 5-89 所示，然后将刹车线芯穿入刹把槽内，如图 5-90 所示，用尖嘴钳调整好微调旋钮，如图 5-91 所示。

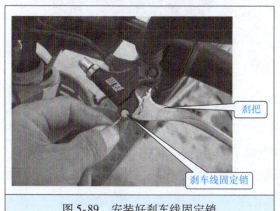

图 5-89 安装好刹车线固定销

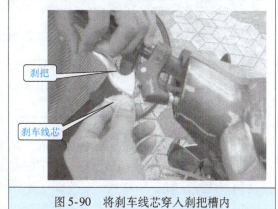

图 5-90 将刹车线芯穿入刹把槽内

5）左手拿老虎钳夹住刹车线芯，右手拿套筒扳手固定好刹车线芯，并调整好刹车块间距，如图 5-92 所示。

图5-91 调整好微调旋钮

图5-92 固定好刹车线芯

6）手捏刹把试验，刹车正常后，交用户使用。

十一、吉祥狮电动摩托车后刹车有异响 ★★★

（一）用户反映

吉祥狮电动摩托车后刹车有异响，该车前、后刹车均采用涨闸块，外形如图5-93所示。

（二）故障排除过程

1）用套筒扳手松开后刹车总成的固定螺钉，如图5-94所示。

图5-93 吉祥狮电动摩托车

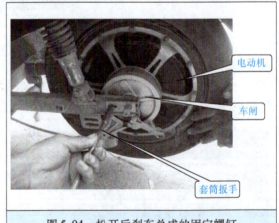

图5-94 松开后刹车总成的固定螺钉

2）用扳手松开电动机轴的固定螺母，从车上取下电动机，如图5-95所示。

3）检查发现刹车块弹簧断裂，取下旧刹车块，安装好新刹车块，如图5-96所示，用手捏动刹车试验，如图5-97所示。

4）用机油对刹车总成活动臂进行润滑，如图5-98所示。

5）将后刹车总成安装在电动机内试验，正常后将电动机装车，如图5-99所示。

6）用扳手固定好刹车总成和电动机轴螺母，调整好刹车间距，试车正常后交用户使用，如图5-100所示。

图 5-95　松开电动机轴的固定螺母

图 5-96　安装好新刹车块

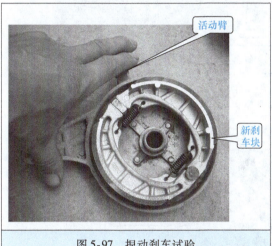

图 5-97　捏动刹车试验

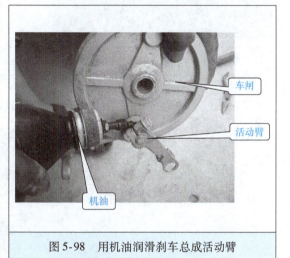

图 5-98　用机油润滑刹车总成活动臂

图 5-99　将电动机装车

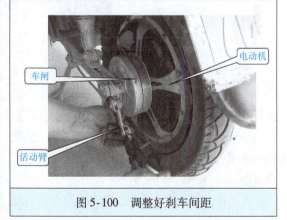

图 5-100　调整好刹车间距

十二、立马电动摩托车后车轮轮胎更换 ★★★

（一）用户反映

立马电动摩托车后车轮轮胎破损，用户要求更换新轮胎，该车采用 16-3.0 英寸内、外胎，外形如图 5-101 所示。

（二）故障排除过程

1) 首先支起大支架，让后车轮悬空，用扳手松开电动机上的固定螺母，如图 5-102 所示，从车上取下电动机。

图 5-101　立马电动摩托车外形

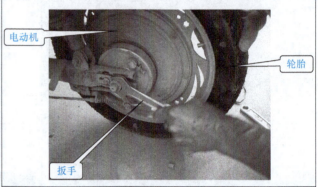

图 5-102　松开电动机上的固定螺母

2) 用放气工具取出气门芯，将内胎里的气体放完，如图 5-103 所示。

图 5-103　放完内胎中的气体

3) 将电动机平放在地上，用手逐一将外胎一侧推离车圈，使外胎与车圈分离，然后用撬扳带勾的一头将外胎勾起，注意不要勾住内胎，以防损坏内胎，然后用另一根撬扳在相距 3~5cm 处撬起外胎，依次将这侧外胎撬出，如图 5-104 所示。

4) 将内胎抽出，再把旧外胎完全取下，如图 5-105 所示。

5) 观察轮胎为 16-3.0 英寸内、外胎，用新的同型号的朝阳内、外胎更换。新内胎如图 5-106 所示，新外胎如图 5-107 所示。

图 5-104　撬出外胎一侧

第五章 机械和其他故障排除实例

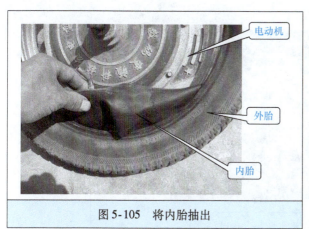

图 5-105 将内胎抽出

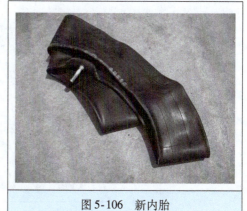

图 5-106 新内胎

6）为方便安装外胎，可将机油涂在电动机轮毂上，如图 5-108 所示，先将外胎安装在车轮上，如图 5-109 所示。然后先将内胎气嘴装好，依次装入内胎，如图 5-110 所示。

图 5-107 新外胎

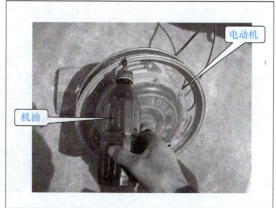

图 5-108 将机油涂在电动机轮毂上

图 5-109 将外胎安装在车轮上

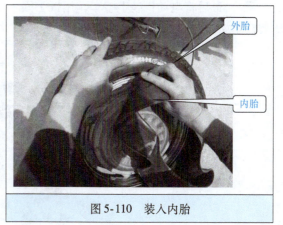

图 5-110 装入内胎

7）用撬扳将外胎另一侧依次装好，注意不要撬坏内胎，如图 5-111 所示。

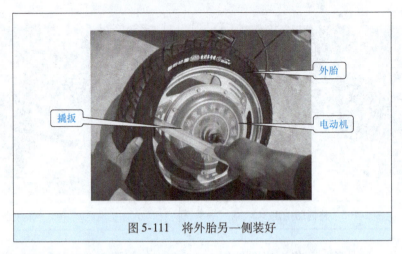

图 5-111 将外胎另一侧装好

8）内、外胎安装好后，用打气筒给内胎充足气，如图 5-112 所示。

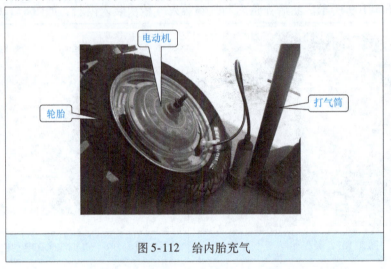

图 5-112 给内胎充气

9）最后将电动机装上整车，用扳手固定好电动机和车闸，车胎更换完毕。将电动机装上整车如图 5-113 所示。

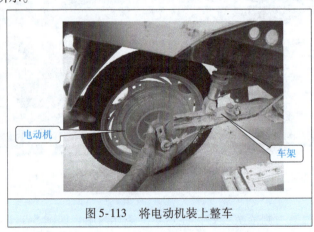

图 5-113 将电动机装上整车

第五章　机械和其他故障排除实例

十三、雅迪电动自行车后刹把损坏 ★★★

（一）用户反映

雅迪电动自行车被风吹倒后，后刹把损坏弯曲，用户要求更换新刹把。雅迪电动自行车外形如图 5-114 所示。

（二）故障排除过程

1）用内六角扳手松开后刹把的固定螺栓，取下旧刹把，如图 5-115 所示。

图 5-114　雅迪电动自行车外形

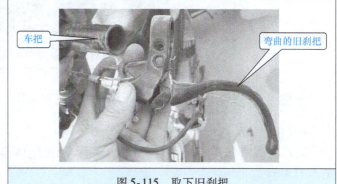

图 5-115　取下旧刹把

2）将新刹把安装在车把上，用内六角扳手固定好，如图 5-116 所示。

3）将刹车线安装在刹把固定槽内，调整好微调旋钮，如图 5-117 所示。

图 5-116　将新刹把安装在车把上

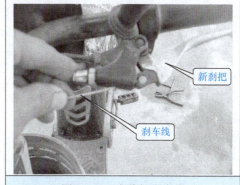

图 5-117　安装好刹车线

4）用套筒扳手固定刹车线芯，并调整好后刹车间距，如图 5-118 所示。

5）最后接好刹把断电刹车的两根引线，并用绝缘胶带包好。

 经验总结

电动自行车由于安装有铅酸蓄电池，车身较重。所以停放和维修时一定要将电动自行车大支架支起，并保证车身平稳，防止电动自行车侧倒，造成电动自行车损坏和伤及他人。

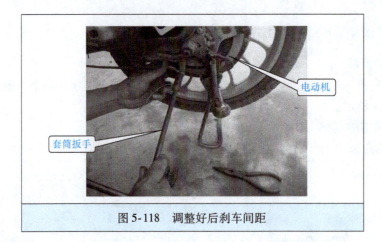

图 5-118　调整好后刹车间距

十四、新蕾电动摩托车轮胎慢性漏气 ★★★

（一）用户反映

新蕾电动摩托车轮胎慢性漏气，轮胎内的气体 2~3 天内逐渐减少，该车外形如图 5-119 所示。

（二）故障维修过程

1) 轮胎内的气体 2~3 天内逐渐减少至泄尽，称为轮胎慢性漏气。首先检查压气螺母是否漏气，可用香皂水涂在气嘴上试验气嘴是否漏气，如图 5-120 所示。

图 5-119　新蕾电动摩托车外形

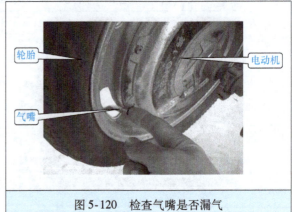

图 5-120　检查气嘴是否漏气

2) 如果气嘴漏气，可用放气工具拧紧压气嘴螺母。如图 5-121 所示。然后再用香皂水涂在气嘴上检查气嘴是否漏气，如果气嘴仍漏气，应更换气门芯。

3) 如果气嘴不漏气，说明气嘴正常，故障可能为内胎有微孔等，或外界气温高使补过的地方渗漏，应取出内胎修补。

① 取出内胎充足气后放在水盆中细心检查，有漏气孔应加补。② 对补过后的内胎渗漏，则要重新再补，但再补前要把补过的地方全部刮清后才能再补。方法是将修补车胎的胶水涂在旧补丁处，用打火机点燃胶水，等火烧尽后，去掉旧补丁，即可重新修补。

十五、爱玛电动自行车轮胎扎坏漏气 ★★★

（一）用户反映

爱玛电动自行车骑行中轮胎扎坏漏气，要求修补内胎。爱玛电动自行车外形如图 5-122 所示。

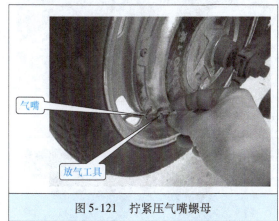

图 5-121　拧紧压气嘴螺母

图 5-122　爱玛电动自行车外形

（二）故障排除过程

1）首先用放气工具将气嘴取下，放出内胎中剩余的气体。然后将外胎的一侧扒开，抽出内胎，重新将气嘴安好，将内胎充足气，放在水盆中试漏，有气泡的地方即是破洞所在。如果不易找到破洞时，可将车胎气嘴两边折叠移动，如果有气泡，说明气嘴附近漏气，如图 5-123 所示。

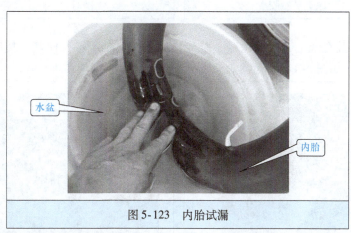

图 5-123　内胎试漏

2）找到漏气处后，用小针做好标记，将内胎中的气体放完，用毛巾把破洞处擦干，如图 5-124 所示。

3）用锉具将破孔周围锉磨干净，如图 5-125 所示，锉面应大小适当，应略大于所选胶片。给清理好的部位涂上补胎胶水，如图 5-126 所示。必须均匀薄涂，约等待 2min，让其充分干燥，贴上揭去铝箔的冷补胶片，如图 5-127 所示。

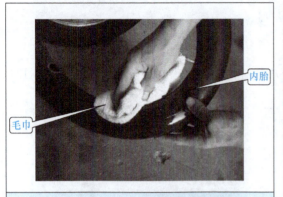

图 5-124　用毛巾把破洞处擦干

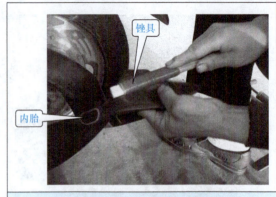

图 5-125　锉净内胎破孔周围

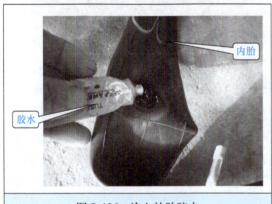

图 5-126　涂上补胎胶水

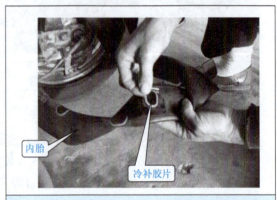

图 5-127　贴上冷补胶片

4）将内胎平放在地上，用皮锤轻压胶片，如图 5-128 所示，使其贴接吻合，最后揭去胶片上的保护膜，如图 5-129 所示。

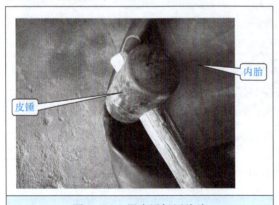

图 5-128　用皮锤轻压胶片

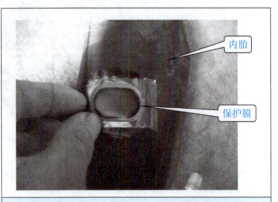

图 5-129　揭去胶片上的保护膜

5）将修补好的内胎再次充足气，放在水盆中试漏，如果不漏气，说明内胎已修补好，最后将内胎装上车轮复原，注意安装内胎前要对外胎内部进行彻底检查，检查是否有铁钉和

第五章　机械和其他故障排除实例

异物，如果发现有异物应将其取出，以防再次损伤内胎。

　技　术　指　导

　　车胎的充气方法与保养。

　　充气方法：充气充到一定的气压后，转动轮胎用手均匀敲击车胎，然后继续充气使车胎与轮圈吻合，以免骑行时出现滑胎现象。

　　充气要适当，太足则会使行驶时颠簸剧烈，太少则会影响车速和载重，而且会使外胎壁折裂、内胎扎坏。

　　车胎注入一定气体的目的是：能使电动自行车有一定的弹性，减少径向颠簸力对车圈的冲击；能在电动自行车负载情况下，减小路面同车胎的接触面，以减少摩擦力。为此，在骑行时，胎内气压要合适。胎内气压过大时车胎容易爆裂，如果过小，则加大了与地面的摩擦力，增加了不必要的体力消耗，车胎还容易从车轮上滑脱。尤其在骑行时，车胎气压小了，更容易从轮子上滑脱下来，发生危险，导致骑行者受伤。

　　每次骑行前要给车胎充好气，进而检查车胎是否漏气，表面有无异物或刺伤部分。在夏季停车后，要将车子置放在阴凉处，避免车胎受热后气体膨胀而爆裂。

　　如果更换新车胎，应将新胎装好后，最少骑行50km以上，检查一下车胎是否良好，确认无问题后，方可使用。

第六章

电气故障排除实例

一、红旗有刷电动自行车，打开电源锁后，电动车飞车 ★★★

（一）用户反映

该车为36V有刷电动车，在其他维修部修理过，更换一个转把试验，电动自行车仍飞车。红旗有刷电动自行车外形如图6-1所示。

（二）故障排除过程

1）断开转把的3根引线插件，打开电源锁试车，电动自行车仍飞车，测量控制器输出电压为40V高压，如图6-2所示。

图6-1 红旗有刷电动自行车外形

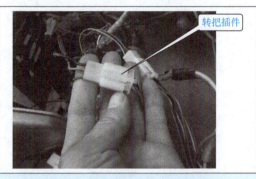

图6-2 断开转把的3根引线插件

2）更换36V有刷控制器后，打开电源锁试车，电动自行车仍飞车，说明故障原因不在控制器。

3）还需进一步检查，用万用表的蜂鸣器档，测量转把的黑色地线，发现黑色引线断路，说明故障原因由此引起。重新用一根新导线代替黑色地线，从车架上进行走线，将转把接好后试车，电动自行车旋转正常。

经验总结

电动自行车飞车的故障原因一般由转把和控制器引起。维修时应先排除转把的故障（可断开转把的3根引线插件），然后再更换控制器。如果不能排除故障，还要检查另外两种情况，一是转把的黑色地线断路，另一种情况是转把的红色供电线和绿色信号线短路，也会引起飞车，维修时应注意检查。

二、新日无刷电动车，骑行中电动机突然抱死 ★★★

（一）用户反映

新日无刷电动车，骑行中电动机突然抱死，无法行驶。该车采用48V/350W无刷电动机，其车外形如图6-3所示。

（二）故障排除过程

1）打开车座，找到控制器，首先对控制器进行清洁，如图6-4所示。

图6-3 新日无刷电动车外形

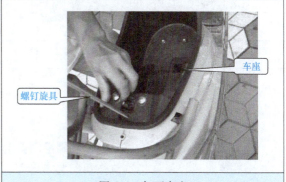

图6-4 打开车座

2）检查发现控制器与电动机连接插件烧坏，剪去损坏的插件，将导线重新连接，试车电动机不转，如图6-5所示。

3）用万用表测量转把正常，电动机霍尔元件5V供电正常，霍尔元件信号0~5V变化正常，如图6-6所示。

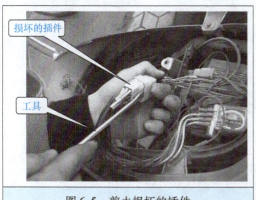

图6-5 剪去损坏的插件

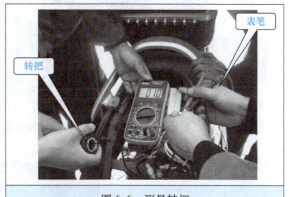

图6-6 测量转把

4）用无刷控制器、电机、转把快速检测仪检测电动机霍尔元件与相线正常。检测发现控制器相线有一路无输出，判断控制器损坏，如图6-7所示。

5）更换48V/350W万能型无刷控制器，试车正常，如图6-8所示。

图 6-7　检测控制器

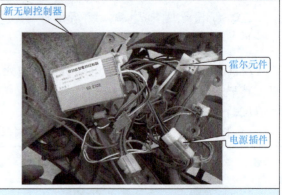

图 6-8　更换无刷控制器

专家指导

无刷控制器的更换要领

更换无刷控制器接线前先切断整车电源，将电动机的 3 根相线和霍尔元件的 5 根引线分别按颜色对接好，保证接线牢固，并用绝缘胶带包扎好。连接霍尔元件引线如图 6-9 所示。下一步将转把的 3 根引线插件接好，如图 6-10 所示。

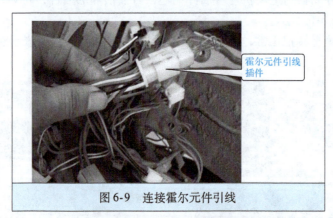

图 6-9　连接霍尔元件引线

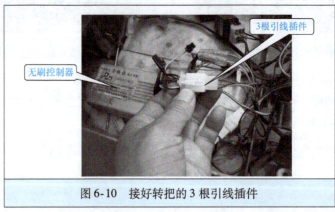

图 6-10　接好转把的 3 根引线插件

下一步将电源的正、负极的粗红和粗黑引线与电源锁线细红（或细橙）分别接好，注意颜色要对应，如图 6-11 所示。然后将黄色可对插插件对插，如图 6-12 所示。打开电源锁，如果电动机正转，则断开学习线，学习过程结束，如果电动机反转，则再次对插学习识别线即可正转，最后断开学习线，学习过程结束。识别正确后在未更换电动机的情况下，控制器将自动记忆该电动机模式，无须再次识别，电动自行车运行过程中霍尔元件损坏或霍尔元件引线脱落时控制器自动进入无霍尔模式。最后再依次将刹车线、仪表时速线、防盗器引线接好。另外，更换结束后，控制器应安装在通风、防水防振的部位。

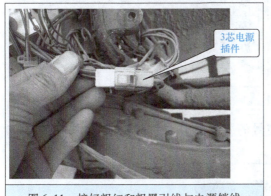

图 6-11　接好粗红和粗黑引线与电源锁线

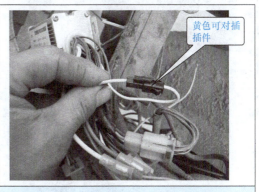

图 6-12　将黄色可对插插件对插好

三、立马电动摩托车车速低 ★★★

（一）用户反映

立马电动摩托车车速低，没有力量。该车采用 4 只 16V 蓄电池串联，总电压为 64V，电动机采用 500W 无刷电动机。立马电动摩托车外形如图 6-13 所示。

（二）故障排除流程

1）打开电源锁，转动转把试车，车速只有 20km/h，如图 6-14 所示。

图 6-13　立马电动摩托车外形

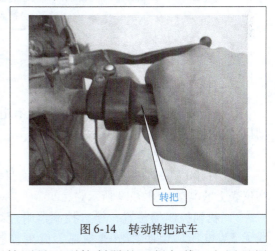

图 6-14　转动转把试车

2）转动转把，用万用表的 AC 200V 电压档测量无刷控制器的 3 根相线，电压只用 27.8V 左右，说明控制器输出电压低（48V 车无刷控制器输出电压一般在 38V 左右），如图 6-15 所示。

3）检测转把供电电压只有4.2V，更换转把试车，如图6-16所示，车速仍较低，判断控制器有故障，需更换控制器。

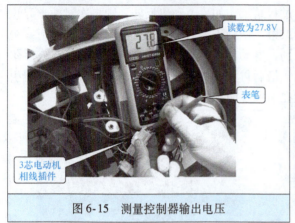

图6-15　测量控制器输出电压

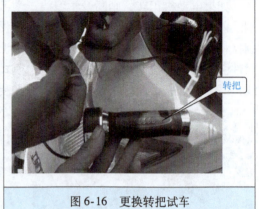

图6-16　更换转把试车

4）观察该车控制器为48V/500W，用同型号的万能无刷控制器更换，试车正常，如图6-17所示。

图6-17　更换500W无刷控制器

四、爱玛电动自行车仪表上有电，但电动机不转 ★★★

（一）用户反映

打开爱玛电动自行车电源锁，仪表上有电，但电动机不转。该车采用48V/350W无刷电动机，其车外形如图6-18所示。

（二）故障排除过程

1）打开电源锁，观察仪表上有电，而且电量充足，转动转把试车，但电动机不转。观察仪表上的电量如图6-19所示。

2）找到控制器位置，检查控制器附近线束无故障。打开电源锁，测量转把的供电线无5V电压，说明控制器损坏，应更换控制器。测量转把的供电线无5V电压，如图6-20所示。

第六章　电气故障排除实例

图6-18　爱玛电动自行车外形

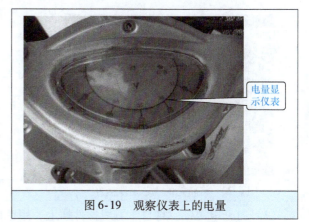

图6-19　观察仪表上的电量

3）该控制器为48V/350W无刷控制器，用同型号的万能控制器更换。首先将电动机的3根相线与霍尔元件插件接好，注意颜色要对应。接好电动机的3根相线如图6-21所示。

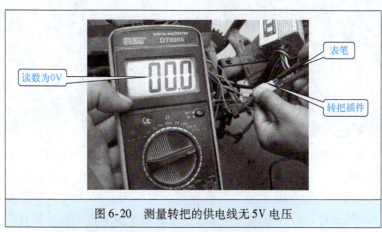

图6-20　测量转把的供电线无5V电压

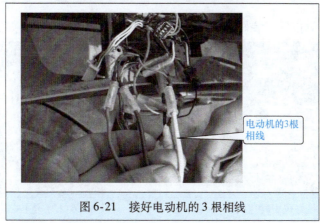

图6-21　接好电动机的3根相线

4）然后将转把的3芯插件接好，并注意颜色要对应，如图6-22所示。
5）接好电源的粗红、粗黑引线，并注意颜色要对应，如图6-23所示。
6）将车上的电源锁橙色线与控制器的红色电源锁线相接，如图6-24所示。

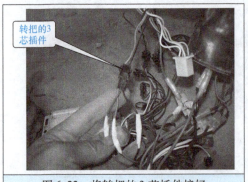

图6-22 将转把的3芯插件接好

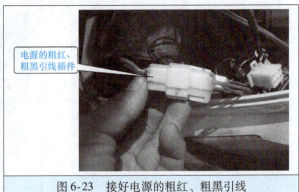

图6-23 接好电源的粗红、粗黑引线

7)打开电源锁,将自学习线插件插上,用手向前转动电动机,并转动转把,电动机正转后,拔下自学习线插件,电动机转动正常,如图6-25所示。

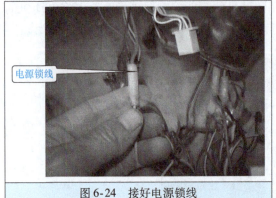

图6-24 接好电源锁线

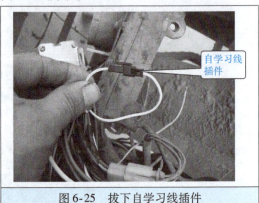

图6-25 拔下自学习线插件

8)连接仪表时速线,可从仪表盘上找到仪表的时速线,时速表有两根引线,一根是黑色(或绿色)负极线,与整车电源的负极线相连,另一根是时速线。将仪表上的时速线与控制器的紫色仪表线接好,打开电源锁,转动转把,观察仪表上的时速指针摆动,说明接线正确,如图6-26所示。

9)将控制器按原位置安装好,并用扎带扎牢,控制器更换完毕,如图6-27所示。

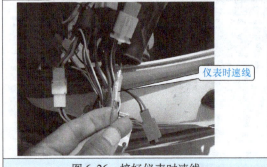

图6-26 接好仪表时速线

图6-27 将控制器固定好

五、绿源60V无刷电动摩托车控制器烧坏 ★★★

(一)用户反映

绿源电动摩托车骑行中,突然电动机卡死,骑不动,推也推不动。该车采用60V蓄电池组和 500W 无刷电动机。

(二) 故障排除过程

1) 打开车座,找到控制器检查,发现控制器与电动机 3 根相线插件烧坏,造成短路,烧坏控制器,如图 6-28 所示。用手摸控制器感觉烫手,如图 6-29 所示,说明控制器烧坏。

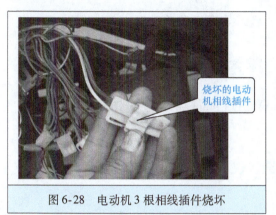

图 6-28　电动机 3 根相线插件烧坏

图 6-29　用手摸控制器感觉烫手

2) 观察控制器的铭牌,其为 60V/500W 万能无刷控制器,用同型号的万能控制器代换,如图 6-30 所示。首先接好霍尔元件的 5 芯插件,然后接好电动机的 3 根相线,并用电烙铁焊好,如图 6-31 所示。

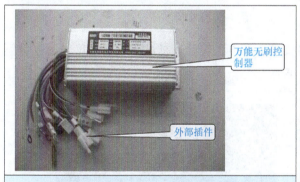

图 6-30　60V/500W 万能无刷控制器

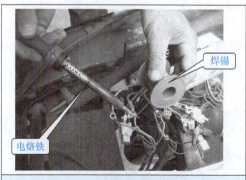

图 6-31　电烙铁焊好电动机相线

3) 分别接好转把的 3 芯插件和电源线 3 芯插件,注意正负极线对照。接好转把的 3 芯插件如图 6-32 所示。

4) 打开电源锁,将黄色自学习插件对插,用手向前转动电动机,电动正转后,拔下自学习线插件。最后依次将刹把、仪表线分别接好,并固定好控制器,试车正常后,交用户使用。

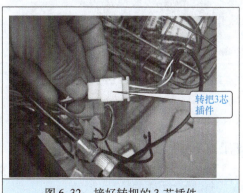

图 6-32　接好转把的 3 芯插件

> **名师指导**
>
> 安装接插件
>
> 1）安装之前必须检查接插件是否接触良好。
>
> 2）接触不良或已经脱落的线头必须用专用工具进行重新压接，或使用电烙铁焊接，保证导线和接触片良好导通。
>
> 3）安装接插件的地方避免浸水，或者可以用绝缘密封的材料进行包裹（材料温度要求：-20~80℃）。
>
> 4）安装好所有部件以后，要将多余的引线进行包扎整理，然后一并塞进车内。

六、绿佳无刷电动摩托车，打开电源锁，仪表上有电，但车速低，时走时不走，行驶无力 ★★★

（一）用户反映

绿佳无刷电动摩托车，需加外力后才能起动，车速低，时走时不走，行驶无力。该车采用48V蓄电池组，电动机采用48V/350W无刷电动机。绿佳无刷电动摩托车外形如图6-33所示。

（二）故障排除过程

1）将大支架支起，打开电源锁，观察仪表上有电，转动转把试车，观察仪表上电量下降较快，判断蓄电池有故障，如图6-34所示。

图6-33 绿佳无刷电动摩托车外形

图6-34 观察仪表上的电量

2）用钥匙打开车座，将蓄电池盒从车上取下。打开车座如图6-35所示。将蓄电池盒从车上取下如图6-36所示。

3）用螺钉旋具打开蓄电池盒，发现蓄电池变形严重，判断蓄电池损坏，需更换新蓄电池，如图6-37所示。

第六章　电气故障排除实例

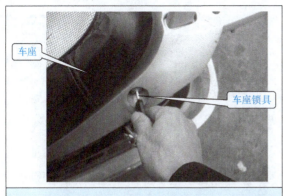

图 6-35　打开车座

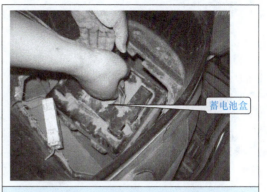

图 6-36　将蓄电池盒从车上取下

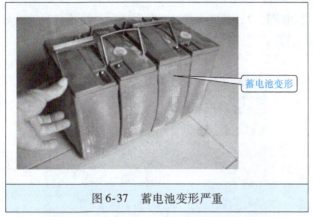

图 6-37　蓄电池变形严重

4）该蓄电池为 48V/20Ah，用相同型号的超威蓄电池进行更换，装车试验，电动摩托车行驶正常。

故障总结

此例是典型的过充电造成的蓄电池鼓包变形，所以用户在使用蓄电池前要仔细阅读使用说明书，了解铅酸蓄电池的特性和使用常识。一般情况下，当蓄电池用尽电量后（指蓄电池放电到欠电压保护值），充电时间为 8~10h，即充电 8h 后充电器变绿灯，然后再浮充 2h，断开充电器交流电源线。有个别用户以为充电器变绿灯后，就不用再向蓄电池充电，也不断开充电器交流电源，这样就会造成蓄电池因过充电而鼓包变形，使蓄电池损坏。

七、爱玛电动自行车用水冲洗后，电动机有时不转，有时飞车 ★★★

（一）用户反映

爱玛电动自行车用水冲洗后，电动机有时不转，有时飞车。该车为 48V/350W 无刷电动车，其外形如图 6-38 所示。

（二）故障排除过程

1）打开电源锁，转动转把试车，电动机有时不转，有时飞车，如图 6-39 所示。

图 6-38　爱玛电动自行车外形

图 6-39　转动转把试车

2）打开车罩，找到控制器，检查发现控制器附近线束浸水严重，如图 6-40 所示。

3）用吹风机对控制器和周围插件进行吹干处理，如图 6-41 所示，试车正常。

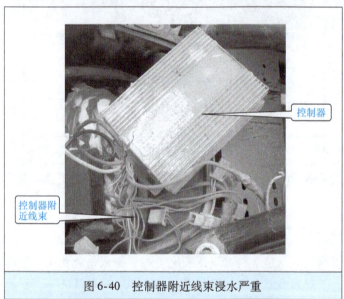

图 6-40　控制器附近线束浸水严重

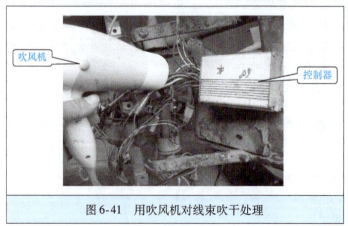

图 6-41　用吹风机对线束吹干处理

第六章　电气故障排除实例

故障总结

由于电动自行车属电器产品，控制器内部有电子元件，所以不能浸水。目前市场上电动自行车防水、防雨性能有待完善，所以电动自行车最好不要淋雨，更不要用水管对电动自行车进行清洗，以防因电气部件浸水而损坏。如果有电动自行车因浸水而损坏，可先对电气部件（控制器）进行吹干处理，如果不能排除故障，大多是控制器损坏，更换控制器即可排除故障。

八、台铃电动摩托车，用户骑行中上坡时车座下冒烟 ★★★

（一）用户反映

台铃电动摩托车，骑行中车座下冒烟。该车为48V/500W无刷电动摩托车，其外形如图6-42所示。

（二）故障排除过程

1）用套筒扳手打开车座，如图6-43所示。检查发现控制器供电主线插件烧坏，如图6-44所示。

图6-42　台铃电动摩托车外形

图6-43　打开车座

2）用剪刀剪去损坏的插件，注意正、负极引线不能短路，重新将正、负极引线接好，并用绝缘胶带包好，如图6-45所示。

图6-44　控制器供电主线插件烧坏

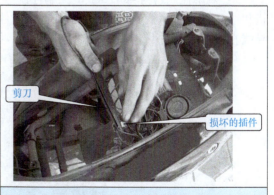

图6-45　用剪刀剪去损坏的插件

3）打开电源锁，转动转把试车，电动摩托车正常。

九、新日电动摩托车载重骑行中，电动机突然抱死 ★★★

（一）用户反映

新日电动摩托车载重骑行中，电动机突然抱死。该车为 48V/500W 无刷电动车，其车外形如图 6-46 所示。

（二）故障排除过程

1）打开电源锁观察，仪表上有电，转动转把，电动机不转。用手向前转动电动机试验，阻力很大，说明控制器有故障。用手向前转动电动机如图 6-47 所示。

图 6-46　新日电动摩托车外形

图 6-47　用手向前转动电动机

2）打开车座检查控制器，发现控制器的电动机相线有两根烧坏，电源正负极线插件烧坏。打开车座如图 6-48 所示，烧坏的电源插件如图 6-49 所示。

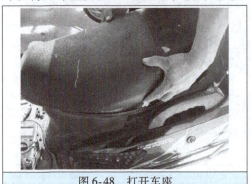

图 6-48　打开车座

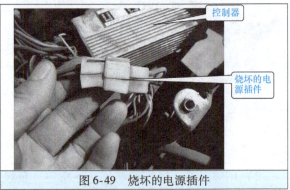

图 6-49　烧坏的电源插件

3）观察控制器为 48V/500W 无刷控制器，用同型号的万能控制器更换。分别接好电动机相线、霍尔插件和转把插件。由于电源插件和控制器插件烧坏，应先将插件剪去，然后用导线直接对接，并用绝缘胶带包好。接好电动机相线如图 6-50 所示。

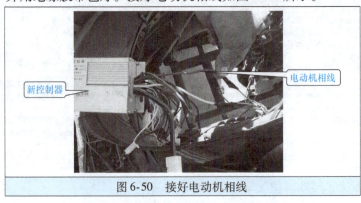

图 6-50　接好电动机相线

4)打开电源锁试车,将自学习线插件对插,如图6-51所示,电动机旋转正常后,拔下自学习线。

5)将仪表线和刹车线分别接好,将控制器引线包扎好,并固定控制器,交用户使用,如图6-52所示。

图6-51 将自学习线插件对插

图6-52 将控制器固定好

专家点评

以上两例说明,电动摩托车(500W以上电动机)运行时电流较大,特别是上坡或载重时易烧坏插件,维修更换控制器时应将插接件插牢,并打胶及用扎带扎牢,以防烧坏。

十、雅迪电动自行车仪表上有电,但电动机不转 ★★★

(一)用户反映

雅迪电动自行车仪表上有电,但电动机不转。该车为48V/350W无刷电动车,其外形如图6-53所示。

(二)故障排除过程

1)打开电源锁,观察仪表上有电,如图6-54所示。转动转把试车,电动机慢动一下又不转,观察仪表上的电量指示,电量下降很快,说明蓄电池有故障。经询问用户蓄电池已经

图6-53 雅迪电动自行车外形

图6-54 观察仪表上的电量指示

使用3年了，电动自行车不常骑，有时充电时间超过10h。

2）从车上取下蓄电池盒，打开蓄电池盒检查，如图6-55所示，发现蓄电池鼓包变形，如图6-56所示，需更换新蓄电池。

图6-55 打开蓄电池盒检查

图6-56 蓄电池鼓包变形

3）该蓄电池为48V/12Ah，用相同型号的超威蓄电池进行更换，如图6-57所示。

十一、小刀电动摩托车报警器的遥控器按键不灵敏 ★★★

（一）用户反映

小刀电动摩托车报警器使用一年后，遥控器按键不灵敏。该车为48V/350W无刷电动车，其外形如图6-58所示。

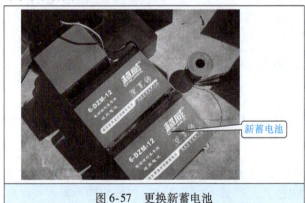

图6-57 更换新蓄电池

图6-58 小刀电动摩托车外形

（二）故障排除过程

1）按动遥控器按键试验，有时报警器会发出声音，有时不会，遥控器外形如图6-59所示。

2）用小号十字形螺钉旋具打开遥控器，如图6-60所示。打开后的遥控器如图6-61所示。

3）用毛刷清洁遥控器内部，如图6-62所示，并用皮老虎吹去灰尘，如图6-63所示。

4）然后用酒精棉球对遥控器内部电路板进行清洁处理，等酒精晾干后，将遥控器复原，试验遥控器正常。

第六章 电气故障排除实例

图 6-59 遥控器外形

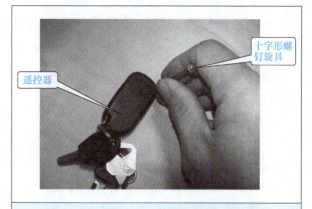

图 6-60 打开遥控器

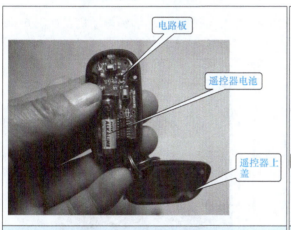

图 6-61 打开后的遥控器

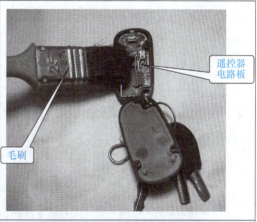

图 6-62 用毛刷清洁遥控器内部

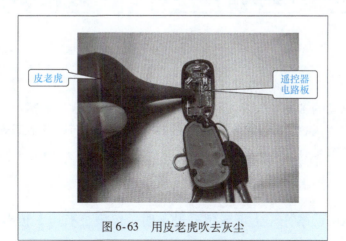

图 6-63 用皮老虎吹去灰尘

十二、绿源电动车按遥控器锁住电动机后，报警器无法解锁 ★★★

（一）用户反映

绿源电动车停车时按遥控器锁住电动机后，等开车时报警器无法解锁。

（二）故障排除过程

1）用小号十字形螺钉旋具打开遥控器后盖板的固定螺钉，如图6-64所示。

2）取下旧遥控器电池，如图6-65所示。观察旧电池为12V电池，用万用表测量电池电压不足9V，说明电池亏电，应更换新电池。

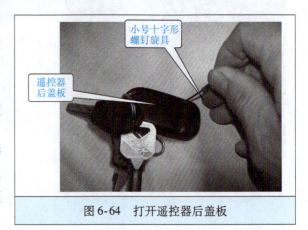

图6-64 打开遥控器后盖板

3）用相同型号的电池更换，按遥控器按键试验，能正常锁住和解锁电动机，如图6-66所示。

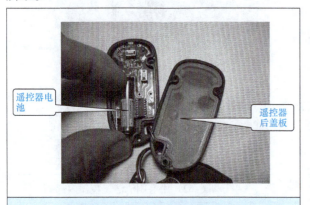

图6-65 取下旧遥控器电池

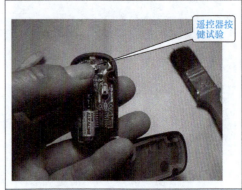

图6-66 按遥控器按键试验

专家点评

电动车遥控器内部电路采用集成电路，元器件一般为贴片元器件，一般故障率较低。常见的故障有遥控器内部电池亏电，遥控器内部灰尘过多，遥控器进水等，一般查到故障原因，对症进行处理即可排除故障。

十三、雅迪电动摩托车上坡或负载过重时，仪表上有电，但电动机不转 ★★★

（一）用户反映

雅迪电动摩托车平路骑行时正常，上坡或负载过重时，仪表上有电，但电动机不转。该车为48V/500W无刷电动摩托车，其外形如图6-67所示。

(二) 故障维修过程

1) 打开电源锁,骑行上坡试验,发现此车上坡时,突然转动转把加不上电,观察仪表上有电,但是转把复位后,重新转动又能加上电。

2) 首先更换新转把试验,故障依旧,如图 6-68 所示。

图 6-67 雅迪电动摩托车外形

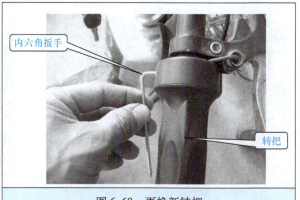

图 6-68 更换新转把

3) 打开车座,从控制器附近接上新转把试验,故障排除,如图 6-69 所示。

4) 怀疑转把插件接触不良,拔下转把插件检查,没发现故障,用扎带把转把插件扎好,试车正常,如图 6-70 所示。

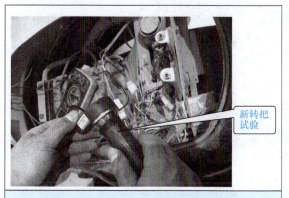

图 6-69 接上新转把试验

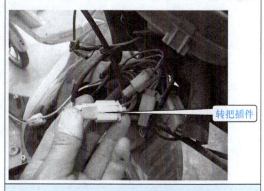

图 6-70 用扎带扎好转把插件

专家点评

这种故障属于时好时坏的故障,按照先易后难的原则,应先从转把查起。维修时要细心全面检查,检查所有可能因起故障的部位,包括连线、插件等,不能只检查转把本身。

十四、速派奇电动摩托车行驶正常,但仪表上电量指针不动 ★★★

(一) 用户反映

速派奇电动摩托车行驶正常,仪表上时速指示表也正常,但电量指针在零位置不动。该车为48V/350W无刷电动车，其外形如图6-71所示。

（二）故障排除过程

1）支起大支架，打开电源锁，观察仪表上电量指针无电量指示，在零位置不动，如图6-72所示。

图6-71 速派奇电动摩托车外形

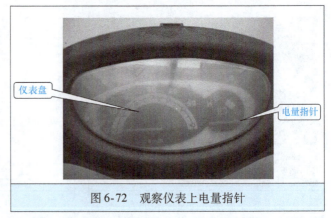

图6-72 观察仪表上电量指针

2）判断仪表上电量指示表损坏，由于购买不到整个仪表盘，所以只对电量指示表进行更换。打开前车罩，取下仪表，用十字形螺钉旋具打开仪表盘，如图6-73所示。

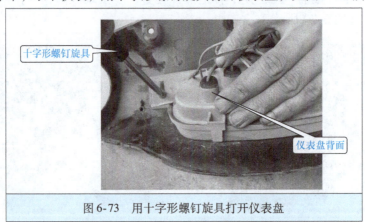

图6-73 用十字形螺钉旋具打开仪表盘

3）观察发现电量指示表发热烧坏，取下烧坏的旧电量指示表，如图6-74所示。

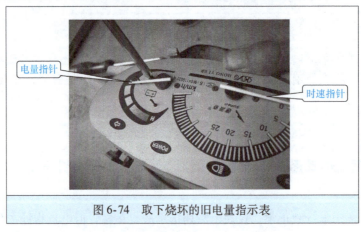

图6-74 取下烧坏的旧电量指示表

第六章　电气故障排除实例

4）从其他旧仪表上拆下一个供电电压相同的正常电量指示表，按原位置安装好，如图 6-75 所示。

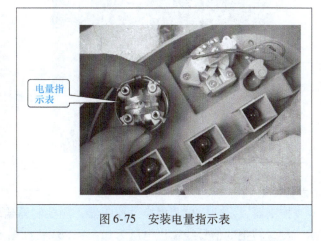

图 6-75　安装电量指示表

5）最后把电量指针安装好，并用手拨指针试验摆动情况，如图 6-76 所示。

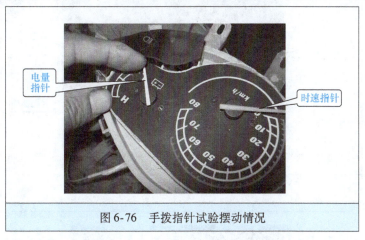

图 6-76　手拨指针试验摆动情况

6）试验正常后，将仪表装上整车，打开电源锁试验电量指针摆动正常，有电量指示。

十五、新日电动摩托车车速低 ★★★

（一）用户反映

新日电动摩托车故障后更换过控制器，车速比以前低。该车为 48V/500W 无刷电动摩托车，其外形如图 6-77 所示。

（二）故障排除过程

1）打开电源锁，转动转把试车，观察仪表上的时速表只有 20km/h，如图 6-78 所示。

图 6-77　新日电动摩托车外形

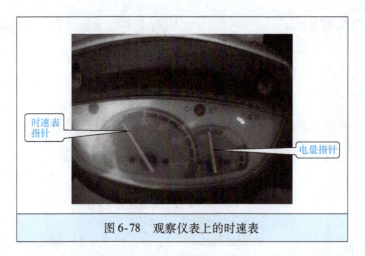

图 6-78　观察仪表上的时速表

2）打开车座，检查控制器，发现用户刚更换过控制器，测控制器给转把的供电电压为 4.3V，如图 6-79 所示。测量转把的信号线输出电压为 0.8~3.6V，如图 6-80 所示。

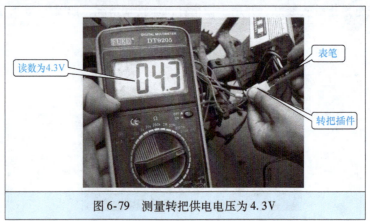

图 6-79　测量转把供电电压为 4.3V

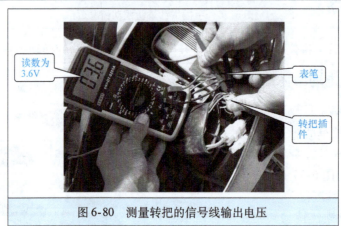

图 6-80　测量转把的信号线输出电压

3）转动转把进一步测量控制器输出的交流电压只有 25.5V，说明控制器输出电压低，如图 6-81 所示。

4）观察更换的控制器为 48V/500W 无刷控制器，与电动机型号对应，判断 2 级市场控制器的功率达不到额定值，另找一只 48V/600W 无刷控制器更换试验，电动摩托车车速达

35km/h，在正常范围，交用户使用。

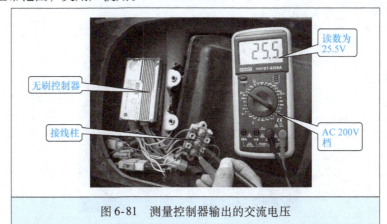

图 6-81 测量控制器输出的交流电压

> **专家点评**
>
> 电动车配件分 1 级市场供应配件和 2 级市场供应配件。2 级市场供应的控制器可能存在厂家虚标功率等情况，从而造成电动机转速低，无力量等，维修更换时，可代换比额定功率大 100W 左右的控制器即可排除故障。

十六、都市风载重王电动自行车仪表上有电，但电动机不转 ★★★

（一）用户反映

都市风载重王电动自行车仪表上有电，转动转把，电动机不转。该车为 60V/350W 无刷电动车，其外形如图 6-82 所示。

（二）故障排除过程

1) 从车上取下蓄电池盒，测量蓄电池电压为 65.4V，如图 6-83 所示，说明蓄电池正常。该车配置 60V 蓄电池组（5 只 12V 蓄电池串联），350W 无刷电动机和控制器。

图 6-82 都市风载重王电动自行车外形

图 6-83 测量蓄电池电压为 65.4V

2）用万用表的 DC 200V 档测量控制器供电电压为 65.4V，正常，测量控制器电源锁供电电压也为 65.4V，如图 6-84 所示。

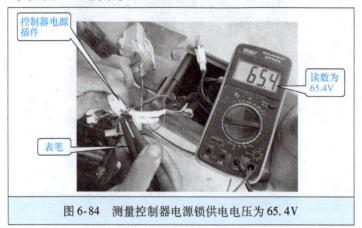

图 6-84　测量控制器电源锁供电电压为 65.4V

3）进一步测量转把插件无 5V 供电，如图 6-85 所示，测量霍尔元件也无 5V 供电，说明控制器无 5V 输出，应更换控制器。

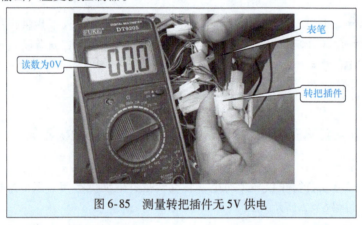

图 6-85　测量转把插件无 5V 供电

4）使用 60V/350W 无刷控制器进行代换，试车故障排除。

十七、雅迪无刷电动车电动机引线拧断 ★★★

（一）用户反映

雅迪无刷电动车骑行中突然电动机不转，观察发现电动机轴螺母松动，造成电动机引线拧断。该车为 48V/350W 无刷电动车，其外形如图 6-86 所示。

（二）故障排除过程

1）首先进行外观观察，发现电动机引出线从电动机轴入口处拧绕，此情况需打开电动机更换电动机引线，如图 6-87 所示。

图 6-86　雅迪无刷电动车外形

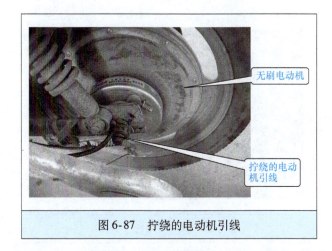

图 6-87 拧绕的电动机引线

2）用扳手松开电动机轴上的螺母，用螺钉旋具松开随动闸固定螺栓，拔下电动机与控制器的连线，并观察颜色是否对应，做好记录，从车上取下电动机，如图 6-88 所示。

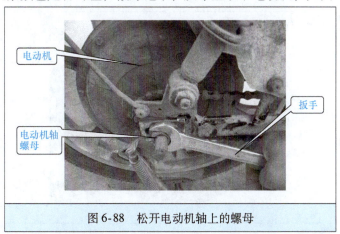

图 6-88 松开电动机轴上的螺母

3）将电动机放在木架上，用套筒扳手取下电动机在侧盖的固定螺钉，如图 6-89 所示。

图 6-89 取下电动机固定螺钉

4）在地上放一木块，双手抱紧电动机转子，用力向下冲击电动机轴（确保右侧盖电动机轴上无螺母、垫片），将定子与转子分离，然后另一人抽出定子，如图 6-90 所示。

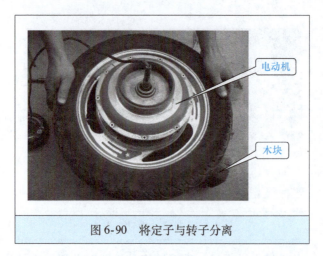

图 6-90　将定子与转子分离

5）将取出的定子放在纸箱上，以免损坏线圈，用斜口钳剪断 8 根电动机引线，如图 6-91 所示。

图 6-91　用斜口钳剪断电动机引线

6）用一字形螺钉旋具除去电动机引线上的白色胶质物，然后从电动机轴内抽出电动机引线，如图 6-92 所示。

7）观察电动机功率为 350W，将相同型号的新电动机引线从电动机中穿入，如图 6-93 所示。

8）将绝缘管穿入电动机引线，然后将电动机 8 根引线按颜色分别对接好，并用电烙铁进行焊接，如图 6-94 所示。

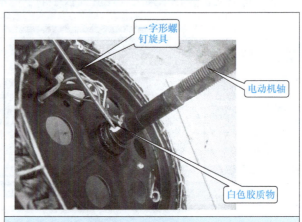

图 6-92　除去电动机引线上的白色胶质物

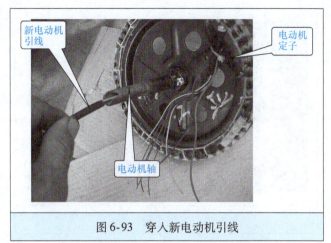

图 6-93　穿入新电动机引线

图 6-94　焊接电动机引线

9）将绝缘管包住焊点和引线接头，用扎带扎好电动机引线，如图 6-95 所示。

图 6-95　用扎带扎好电动机引线

10）引线更换好后，将定子装入转子内，如图 6-96 所示。

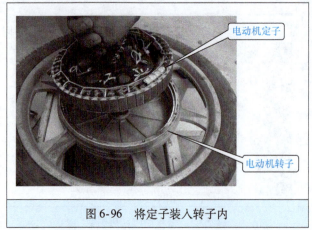

图 6-96 将定子装入转子内

11)将电动机左侧盖安装好,并用螺钉固定,如图 6-97 所示。

12)将电动机装车,并接好电动机与控制器的 8 根引线,试车正常后,交用户使用,如图 6-98 所示。

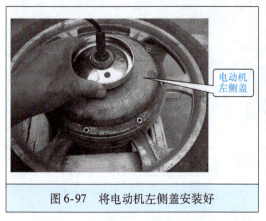

图 6-97 将电动机左侧盖安装好

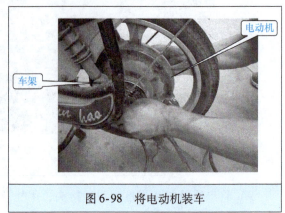

图 6-98 将电动机装车

十八、速派奇电动自行车后车闸固定螺栓松动后,车闸转动损坏电动机引线 ★★★

(一)用户反映

速派奇电动自行车骑行时后车闸固定螺栓松动后,车闸转动损坏电动机引线。该车采用 48V/350W 无刷控制器,其外形如图 6-99 所示。

(二)故障排除过程

1)将电动机引线连接好,后车闸复原后,试车,电动机抖动,如图 6-100 所示。

2)用万用表二极管档测量霍尔元件,发现有两个霍尔元件断路。如图 6-101 所示为确诊故障,进一步用"绿盟"牌 LY-2 无刷电动机综合检测仪检测霍尔元件,如图 6-102 所示。有两个霍尔指示灯不亮,说明判断正确。由于早期生产的控制器霍尔元件损坏不能工作,更换新的万能控制器。

第六章　电气故障排除实例

图 6-99　速派奇电动自行车外形

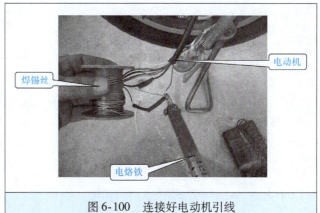

图 6-100　连接好电动机引线

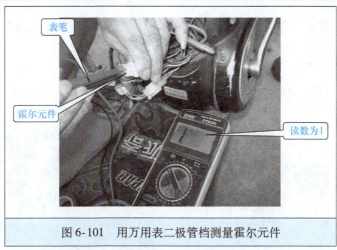

图 6-101　用万用表二极管档测量霍尔元件

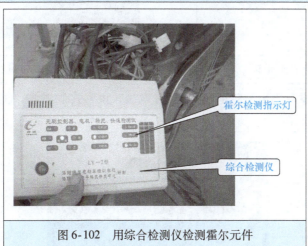

图 6-102　用综合检测仪检测霍尔元件

3）用同型号的 48V/350W 万能控制器代换，由于霍尔元件断路，更换控制器时不插霍尔元件 5 芯插件，用自学习线调试正常后，交用户使用。

> **专家点评**
>
> 以上两例故障是典型的螺母、螺栓松动造成的。所以用户在日常骑车时,要做到骑车前检查车辆故障和日常保养,以防大意造成故障扩大。
>
> 维修电动车时,更换车闸、轮胎,一般要拆装电动机,最后安装电动机时,一定要将电动机轴上的螺母固定好,严防电动车骑行中松脱,这样会造成电动机引线拧断,出现不必要的故障。

十九、小鸟电动车仪表上有电,但电动机不转 ★★★

(一)用户反映

小鸟电动车仪表上有电,但电动机不转。该车为 48V/350W 无刷电动车,其外形如图 6-103 所示。

(二)故障排除过程

1)打开车座,找到控制器。打开电源锁,测量控制器供电有 50.8V 电压,如图 6-104 所示。

图 6-103 小鸟电动车外形

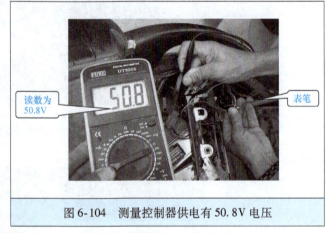

图 6-104 测量控制器供电有 50.8V 电压

2)测量控制器没有输出给转把和霍尔 5V 电压,说明控制器 5V 输出损坏,如图 6-105 所示。

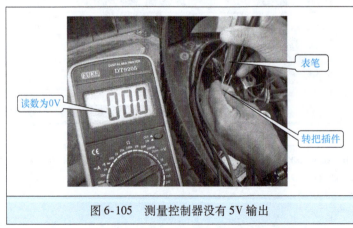

图 6-105 测量控制器没有 5V 输出

第六章　电气故障排除实例

3）用"绿盟"牌 LY-2 无刷电动车综合检测仪测量发现电动机霍尔元件短路损坏，如图 6-106 所示。

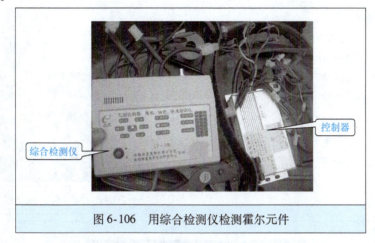

图 6-106　用综合检测仪检测霍尔元件

4）取下旧控制器，更换新的同型号万能控制器，由于电动机霍尔元件短路，不插控制器与电动机的霍尔元件。将其他引线接、自学习线对插好，调试正常后，拔下自学习线。更换控制器如图 6-107 所示。

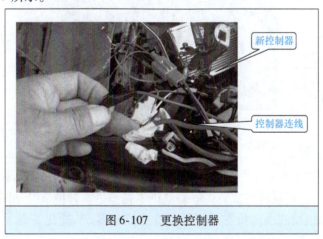

图 6-107　更换控制器

> **特别提示**
>
> 　　现在 2 级电动车配件市场大多销售的为万能无刷控制器，如果电动机霍尔元件损坏，由于更换电动机霍尔元件耗时较长，步骤和操作都比较复杂，维修人员更换万能无刷控制器即可排除故障。注意更换控制器时，不要插 5 芯霍尔元件引线插件。但是，电动车换无霍尔元件的控制器后，起步时必须有一个人为向前推动的趋势，电动机才能正常运行，否则起步时会抖动，在上坡时表现更加明显。在电动车正常行驶后，就没有抖动情况，不影响正常骑行，维修人员需要给用户解释清楚。

二十、台铃电动车下雨天骑行后，仪表上有电，但电动机不转 ★★★

（一）用户反映

台铃电动车下雨天骑行后，仪表上有电，但电动机不转。该车采用48V/350W无刷控制器，其外形如图6-108所示。

图6-108 台铃电动车外形

（二）故障排除过程

1）打开车座找到控制器，打开电源锁，用万用表直流电压档测量控制器供电电压为47.3V，表示控制器已供电，如图6-109所示。

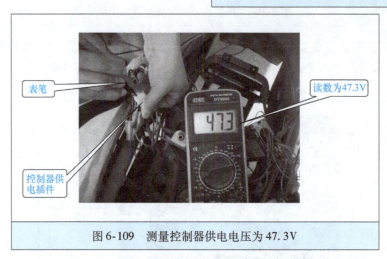

图6-109 测量控制器供电电压为47.3V

2）检测转把供电5V正常，进一步测量转把绿线对地线电压，不转转把就有3.5V电压，但是电动机不转，更换转把试验，电动机仍不转。更换转把试验如图6-110所示。

3）用综合检测仪检测电动机霍尔正常，检测控制器5V输出正常，检测发现控制器无输出，说明控制器损坏，如图6-111所示。

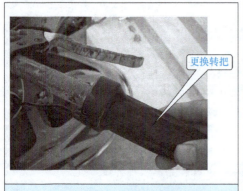

图6-110 更换转把试验

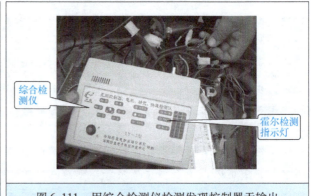

图6-111 用综合检测仪检测发现控制器无输出

4)更换48V/350W万能无刷控制器,试车正常,如图6-112所示。

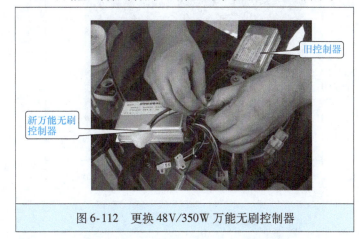

图6-112 更换48V/350W万能无刷控制器

二十一、飞鸽电动自行车仪表上有电,但电动机不转 ★★★

(一)用户反映

飞鸽电动自行车被雨淋后,仪表上有电,但电动机不转。该车采用48V/350W电动机,其外形如图6-113所示。

(二)故障排除过程

1)打开前车罩,如图6-114所示,拔下刹把插件,打开电源锁试车,电动机不转,说明故障原因不在刹把。

图6-113 飞鸽电动自行车外形

图6-114 打开前车罩

2)将转把的红色线(5V供电)与绿色线(信号线)用镊子短接后,电动机仍不转,如图6-115所示。

3)该车控制器安装在车座下,打开车座,找到控制器,检测控制器5V输出正常,转把信号线输出有0.8~3.4V电压变化,正常,如图6-116所示。

4)检测霍尔元件,用万用表的直流电压档测量霍尔元件的5V供电正常,然后用手慢慢转动电动机,分别测量霍尔元件的蓝、绿、黄信号线对黑色地线,均有0~5V的电压变化,说明电动机霍尔元件正常,如图6-117所示。

图6-115 用镊子短接转把红色线与绿色线

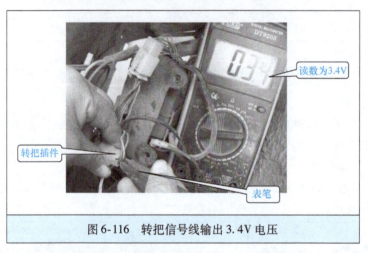

图6-116 转把信号线输出3.4V电压

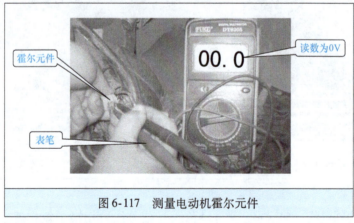

图6-117 测量电动机霍尔元件

5)检测控制器。打开电源锁,转动转把,用万用表的AC 200V档,测量控制器的蓝、绿、黄任两根相线,均无交流电压输出,说明控制器损坏,如图6-118所示。

6)观察控制器为48V/350W无刷控制器,取下旧控制器,更换相同型号的新控制器,试车正常,如图6-119所示。

第六章 电气故障排除实例

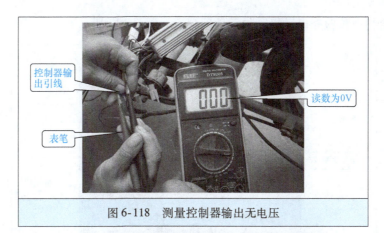

图6-118 测量控制器输出无电压

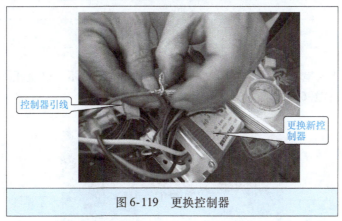

图6-119 更换控制器

二十二、小鸟电动摩托车仪表上有电,但电动机不转 ★★★

(一)用户反映

小鸟电动摩托车仪表上有电,但电动机不转。该车采用48V/350W电动机,其外形如图6-120所示。

(二)故障排除过程

1)拔下刹把插件,试车故障依旧。更换转把试验,故障依旧,如图6-121所示。

图6-120 小鸟电动摩托车外形

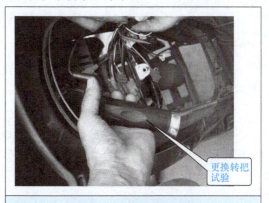

图6-121 更换转把试验

2）用综合检测仪检查电动机霍尔元件正常，如图6-122所示。

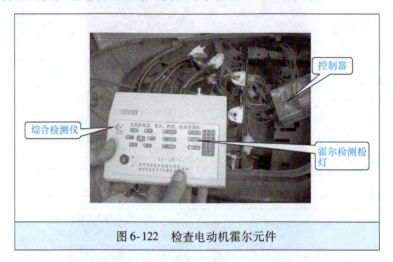

图6-122　检查电动机霍尔元件

3）用综合检测仪检测控制器无输出信号，判断控制器损坏，更换相同型号的万能控制器后，故障排除，如图6-123所示。

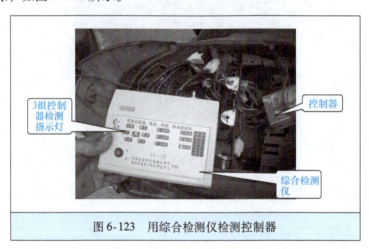

图6-123　用综合检测仪检测控制器

二十三、飞鸽电动自行车电动机有阻力并有杂音 ★★★

（一）用户反映

飞鸽电动自行车电动机有阻力并有杂音，该车采用48V/350W电动机，其外形如图6-124所示。

（二）故障排除过程

1）根据故障现象，检查发现电动机引线烧坏，拔下电动机与控制器连线，用手转动电动机试验，电动机仍有阻力，并有杂音，判断电动机有故障，如图6-125所示。

第六章　电气故障排除实例

图6-124　飞鸽电动自行车外形

图6-125　用手转动电动机试验

2）先用支架支起后车轮，然后用活扳手取下电动机轴上的螺母，用套筒扳手取下刹车和后拉的固定螺钉，将电动机从车上取下，如图6-126所示。

3）将电动机放在木架上，用螺钉旋具取下电动机左侧盖的固定螺钉，如图6-127所示。

图6-126　用套筒扳手取下后拉固定螺钉

图6-127　取下电动机左侧盖的固定螺钉

4）在地上放一木板，双手抱住电动机转子，用力向下冲击电动机轴，另一人从转子中抽出定子。抽出的电动机定子如图6-128所示。

5）将左手指插入电动机轴承孔内，右手转动侧盖，发现电动机轴承损坏，如图6-129所示。

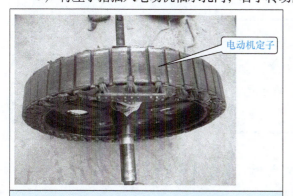

图6-128　抽出的电动机定子

图6-129　检查电动机轴承

6）将侧盖放于木板上，将丁字扳手对准轴承，用手锤击打丁字扳手，将旧轴承取下，如图 6-130 所示。

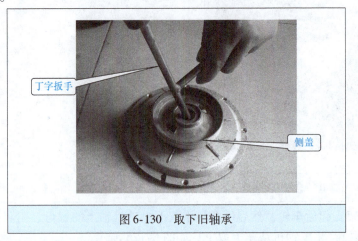

图 6-130　取下旧轴承

7）观察旧轴承的型号为 6002，需用相同型号的新轴承代换。先将侧盖平放在地上，将新轴承按原轴承位置放好，用手锤击打轴承外径即可将轴承安装到位，如图 6-131 所示。

8）轴承更换好后，将电动机引线一同更换，将电动机复原，装车试验，电动机工作正常。更换电动机引线如图 6-132 所示。

图 6-131　用手锤击打轴承

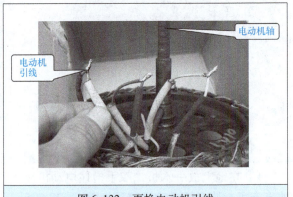

图 6-132　更换电动机引线

> **特别提示**
>
> 检修电动机时，应注意观察各种故障现象，实际上有多种故障并存的情况。有时可能一种故障造成多种故障出现。另外，更换电动机轴承时，最好将两个轴承一同更换。

二十四、新日豪华型电动车前大灯亮度低，加装 LED 射灯 ★★★

（一）用户反映

新日豪华型电动车前大灯亮度低，要求加装 LED 射灯。该车采用 48V/350W 无刷电动机，其外形如图 6-133 所示。12~100V LED 射灯外形如图 6-134 所示。

图 6-133　新日豪华型电动车外形

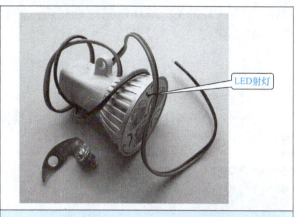

图 6-134　12~100V LED 射灯外形

（二）故障排除过程

1）打开前车罩，找到前大灯引线插件。一般豪华型电动车前大灯引线共有 3 根，插件为 3 芯插件，其中 1 根为负极引线，另两根为正极引线（即远、近光的两根正极引线）。打开前车罩如图 6-135 所示。

图 6-135　打开前车罩

2）将万用表置于 DC 200V 档，打开电源锁，同时打开大灯开关，测量大灯插件的负极与另外任一根正极引线的电压为 10.5V，说明前大灯所用灯泡的供电电压为 12V，如图 6-136 所示。

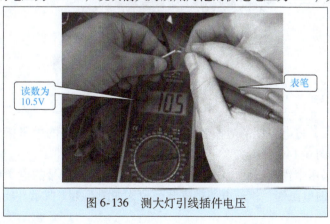

图 6-136　测大灯引线插件电压

3）将加装的 LED 射灯红、黑两根引线分别与车上的正、负极引线相连，并用绝缘胶带包好，打开大灯开关，LED 超亮灯点亮后，将 LED 射灯固定在前车罩上，加装完成，如图 6-137 所示。

二十五、飞鸽电动摩托车打开电源锁，整车无电 ★★★

（一）用户反映

飞鸽电动摩托车打开电源锁，仪表上电量指针无电压显示。飞鸽电动摩托车外形如图 6-138 所示。

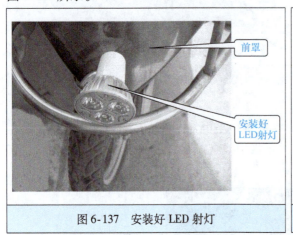

图 6-137　安装好 LED 射灯

图 6-138　飞鸽电动摩托车外形

（二）故障排除过程

1）用万用表测量蓄电池盒插头，检测电压为 53.3V，说明蓄电池盒内正常，如图 6-139 所示。

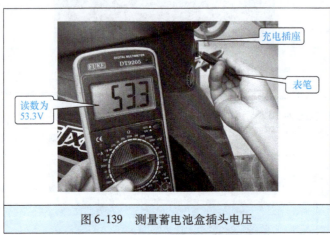

图 6-139　测量蓄电池盒插头电压

2）打开前车罩，将电源锁的两根引线用镊子短接后，仪表的电量指针有电压显示，说明电源锁损坏，如图 6-140 所示。

3）观察此车采用带锁车把的电源锁，由于暂时购不到同型号的电源锁，使用普通大头电源锁代换。取下旧电源锁，将新电源锁安装到位，如图 6-141 所示。

第六章 电气故障排除实例

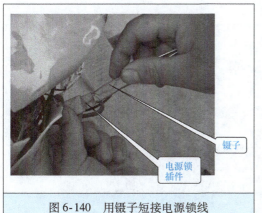

图 6-140 用镊子短接电源锁线

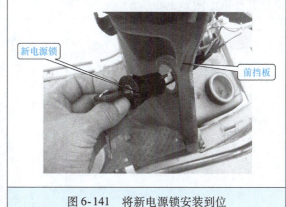

图 6-141 将新电源锁安装到位

4）分别将电源锁的红、黄线接好，并用绝缘胶带包好，如图 6-142 所示。

5）打开电源锁试车正常后，交用户使用，如图 6-143 所示。

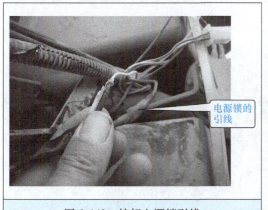

图 6-142 接好电源锁引线

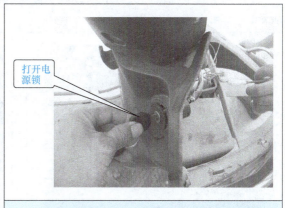

图 6-143 打开电源锁试车

 专家指导

电源锁原理与接线

电源锁是电动自行车上控制整车电路通断的部件，实际上电源锁是整车电路总开关。它一般有两个档位，3 根引线，红色是电源锁进线，黄色和蓝色是电源锁输出线。电动摩托车款有多根引线但只用了其中两根引线。电源锁根据外形大小分为大、中、小头电源锁及带锁车把的电源锁和品牌车专用电源锁等。电源锁原理图如图 6-144 所示。大、中、小头电源锁外形与引出线如图 6-145 所示。

二十六、安琪儿电动摩托车打开电源锁，整车无电 ★★★

（一）用户反映

安琪儿电动摩托车打开电源锁仪表上无电，且电动机不转。该车采用 48V/500W 电动机，其外形如图 6-146 所示。

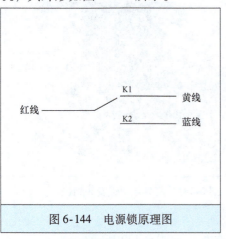

图 6-144　电源锁原理图

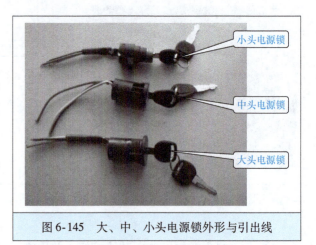

图 6-145　大、中、小头电源锁外形与引出线

(二) 故障排除过程

1) 测量蓄电池盒插头有电压，说明故障在电源锁，需要打开前车罩检修，如图 6-147 所示。

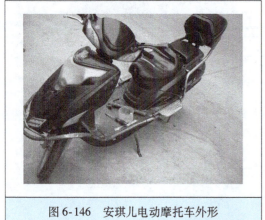

图 6-146　安琪儿电动摩托车外形

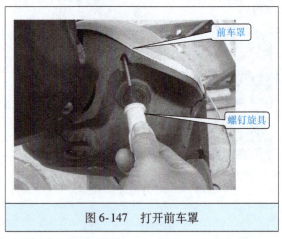

图 6-147　打开前车罩

2) 打开电源锁，用万用表的蜂鸣器档测量电源锁不通，说明电源锁损坏，需更换新锁，如图 6-148 所示。

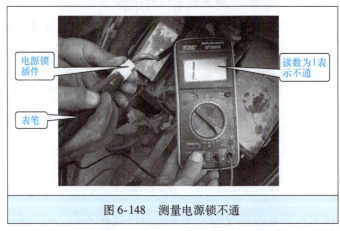

图 6-148　测量电源锁不通

3）观察旧电源锁为带锁车把的电源锁，用十字形螺钉旋具取下旧电源锁，将新电源锁安装固定好，并连接好电源锁的两根引线。带锁车把的电源锁外形如图 6-149 所示，连接好电源锁的两根引线如图 6-150 所示。

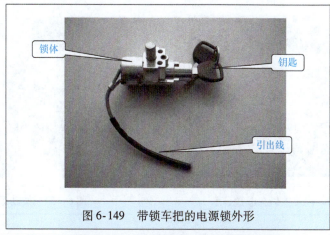

图 6-149　带锁车把的电源锁外形

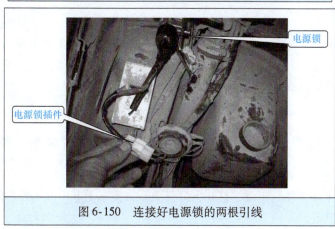

图 6-150　连接好电源锁的两根引线

4）打开电源锁试车正常后，交用户使用。

二十七、立马电动摩托车，关闭电源锁后，仪表盘上仍有电量显示 ★★★

（一）用户反映

立马电动摩托车，关闭电源锁后，仪表盘上仍有电量显示。该车采用 4 只 16V 蓄电池串联，组成总电压为 64V 的蓄电池组，电动机功率为 500W，立马电动摩托车外形如图 6-151 所示。

（二）故障排除过程

1）反复打开、关闭电源锁，仪表上仍有电量显示，如图 6-152 所示。

图 6-151　立马电动摩托车外形

2) 按动防盗器遥控器解锁键，防盗器发出"嘟"的一声，仪表上电量显示电压消失。立马电动摩托车出厂时均配有防盗器，如果防盗器处于设防状态时，仪表上会有电量显示，需将防盗器解锁后，仪表上电量显示才会无电压。按动遥控器解锁键如图6-153所示。

图6-152 仪表上仍有电量显示

图6-153 按动遥控器解锁键

经验总结

关闭电动车电源锁后，仪表上仍有电量显示，电动车仍在有电状态，这时转动转把，电动机会转动。这种故障在日常维修时经常见到，维修经验是，通常把总电源线正极断开即可（例如关闭断路器后再打开），就可排除故障。

二十八、五星钻豹无刷电动车骑行正常，打开大灯开关后，整车无电 ★★★

（一）用户反映

五星钻豹无刷电动车骑行正常，打开大灯开关后，整车无电。该车外形如图6-154所示。

（二）故障排过程

1) 支起大支架，打开电源锁试车正常，打开大灯开关，前大灯不亮，整车无电，如图6-155所示。

图6-154 五星钻豹无刷电动车外形

图6-155 打开大灯开关

2）打开前车罩，如图 6-156 所示，取下前大灯灯泡，检查发现前大灯灯泡烧坏，如图 6-157 所示。

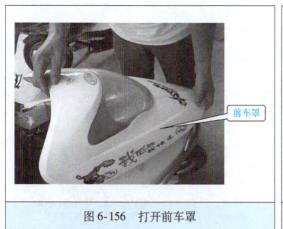

图 6-156　打开前车罩

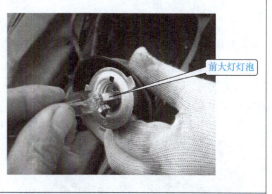

图 6-157　检查前大灯灯泡

3）观察原大灯灯泡（灯泡型号打在灯座上）为 56V/25W 高低脚双点灯泡。普通高低脚双点灯泡外形如图 6-158 所示。

4）更换同型号的 LED 超亮灯泡后，打开大灯开关试验，前大灯亮，电动车正常。LED 超亮灯泡外形如图 6-159 所示。

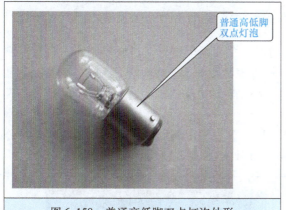

图 6-158　普通高低脚双点灯泡外形

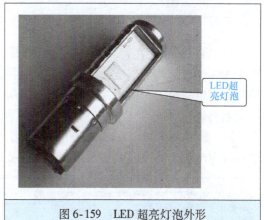

图 6-159　LED 超亮灯泡外形

专家点评

本例属于特殊故障，由于目前的豪华型电动车采用双点（远近光）灯泡，电动车控制器设置有短路保护功能，如果前大灯或后尾灯烧坏短路，控制器会断开整车电源，从而保护整车电路不受损坏。所以，此类检修故障时不要检查整车电路，可针对大灯和后尾灯灯泡进行重点检查，即可排除故障。

二十九、立马电动摩托车下坡时电动机突然抱死 ★★★

(一) 用户反映

立马电动摩托车在骑行中,下坡时电动机突然抱死,电动车骑也骑不动,推也推不动。该车采用 48V/500W 电动机和控制器,其外形如图 6-160 所示。

(二) 故障排除过程

1) 支起大支架,用手转动电动机试验,发现电动机转动时明显阻力大,如图 6-161 所示。

图 6-160　立马电动摩托车外形

图 6-161　用手转动电动机试验

2) 将电源锁向左转,打开车座,找到控制器,发现该车刚更换过新控制器,观察控制器为 48V/500W 西伯尔全自智能无刷控制器,检查控制器附近连线正常,无烧坏现象。断开控制器与电动机的 3 根相线,如图 6-162 所示,用手转动电动机试验,电动机转动正常,说明控制器烧坏。

3) 更换鑫鹏 48V/(500~800W) 通用控制器,首先关闭断路器,如图 6-163 所示,分别接好电动机的 3 根相线和 5 芯霍尔元件插件,如图 6-164 所示。

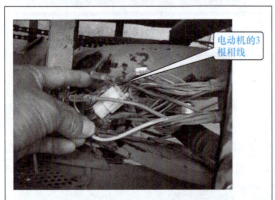

图 6-162　断开控制器与电动机的 3 根相线

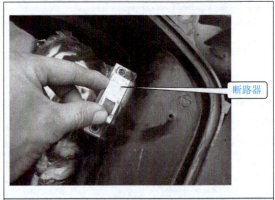

图 6-163　关闭断路器

4)接好转把的 3 芯插件,如图 6-165 所示。

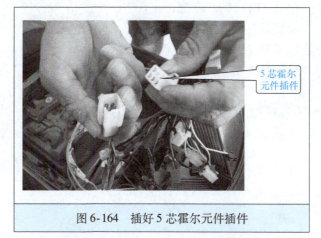

图 6-164　插好 5 芯霍尔元件插件

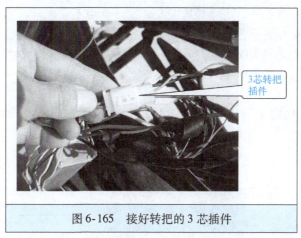

图 6-165　接好转把的 3 芯插件

5)接好电源的粗红线和粗黑正、负极引线和橙色电源锁线插件,接线时注意正、负极不可接反,不要相碰,如图 6-166 所示。

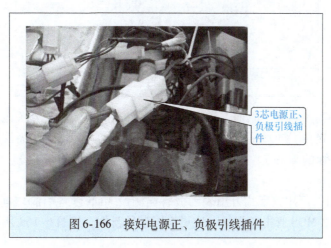

图 6-166　接好电源正、负极引线插件

6）将黄色自学习线插件对插好，打开电源锁，用手转动电动机，转动转把，等电动机转动1min正常转动后，拔下自学习线插件（不要关闭电源锁），电动机正常转动。拔下自学习线插件如图6-167所示。

7）将紫色仪表线和刹把引线分别接好后，将控器器安装固定好，交用户使用。

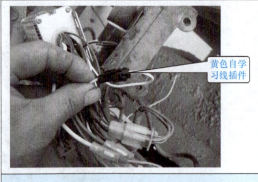

图6-167 拔下自学习线插件

> **专家点评**
>
> 此例是典型的上坡不坏、下坡坏的案例，由于电动车下坡时，电动机受惯性作用会滑行前进，电动机就相当于是个发电机，其输出的电流值超过一定值时，会造成控制器烧坏，使控制器内大功率MOS管击穿。现在大多数无刷控制器内部都设有反充电功能和功率管动态保护功能，以防止功率管损坏。

MOS管是金属氧化物半导体的英文缩写，全称为场效应管MOSFET，MOS管外形如图6-168所示。

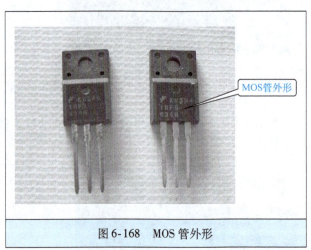

图6-168 MOS管外形

MOS管是一种利用场效应原理工作的半导体器件，属于大电流开关电子器件，在控制器内用于驱动电动机旋转。MOS管有3个极：栅极G（对应双极型三极管的b极）、漏极D（对应双极型三极管的c极）、源极S（对应双极型三极管的e极）。常见的MOS管有75N75、IRFS634A等。

检测MOS管时，可用数字式万用表二极管档测量MOS管各引脚之间的正、反向电阻，如果读数为0，说明MOS管击穿损坏，应更换同型号新件。如图6-169所示。

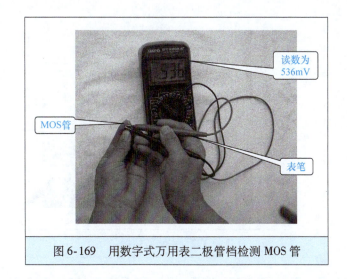

图 6-169 用数字式万用表二极管档检测 MOS 管

三十、安琪儿无刷电动自行车，打开电源锁，电动机高速旋转，但时而正常，时而不正常 ★★★

（一）用户反映

安琪儿无刷电动自行车，打开电源锁，电动机高速旋转，但时而正常，时而不正常。安琪儿无刷电动自行车外形如图 6-170 所示。

（二）故障排除过程

1) 打开前车罩，拔下转把插件，电动机不转，说明故障原因是转把损坏所致，如图 6-171 所示。

图 6-170 安琪儿无刷电动自行车外形

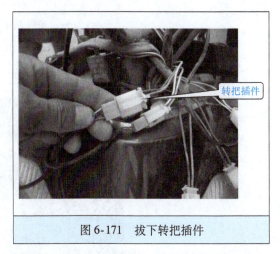

图 6-171 拔下转把插件

2) 用内六角扳手取下旧转把，将新转把安装在车把上，用内六角扳手固定，如图 6-172 所示。

3) 分别接好转把的红、黑、绿色引线，并用绝缘胶带包好，如图 6-173 所示。

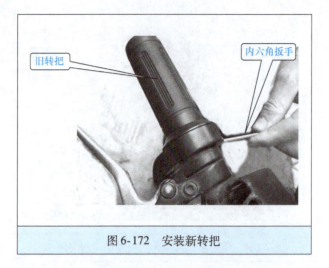

图 6-172 安装新转把

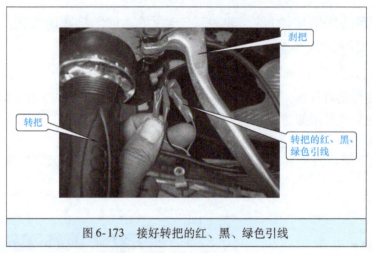

图 6-173 接好转把的红、黑、绿色引线

4）打开电源锁，转动转把试车，电动机旋转正常，如图 6-174 所示。

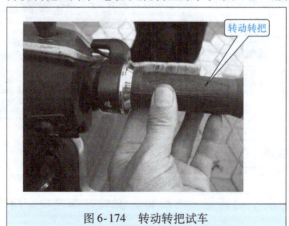

图 6-174 转动转把试车

第六章 电气故障排除实例

 专家指导

(1) 电动车飞车故障检修技巧

电动车出现飞车的故障原因,不是转把损坏,就是控制器损坏。检修飞车故障时,首先将转把插头拔掉,如果电动机不转,说明转把损坏,更换新转把即可。如果断开转把插头后仍飞车,应检查转把的红、黑引线是否短路,检查转把的黑色负极引线是否断路。检查后如果没故障,则判断控制器损坏,应更换控制器。

(2) 转把与控制器的接线技巧

目前,电动自行车常用的转把是霍尔型转把,不管是有刷电动车或是无刷电动车均通用,转把有3根引线,红线是转把内霍尔5V供电线,黑线是转把公共地线,绿线(或蓝线)是转把信号输出线,其信号线输出电压为1~4.2V。霍尔型转把与输出线如图6-175所示。转把与控制器的接线方法如图6-176所示。

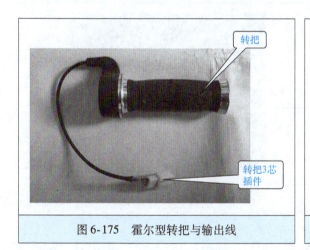

图6-175 霍尔型转把与输出线

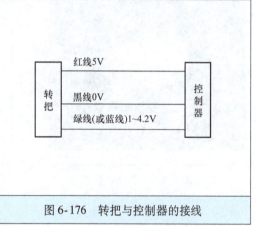

图6-176 转把与控制器的接线

三十一、绿源电动摩托车行驶正常,但大灯、转向灯、喇叭均不工作 ★★★

(一) 用户反映

绿源电动摩托车行驶正常,但大灯、转向灯、喇叭均不工作,该车采用64V(4只16V蓄电池串联)/500W电动机与控制器,其外形如图6-177所示。

(二) 故障排除过程

1) 用车钥匙打开车座固定锁,如图6-178所示,然后用套筒扳手取下车座固定螺栓,取下车座,找到转换器,如图6-179所示。

2) 用万用表的DC 200V档,测量转换器的红、黑进线电压为49V,说明转换器供电正常,如图6-180所示。

图 6-177 绿源电动摩托车外形

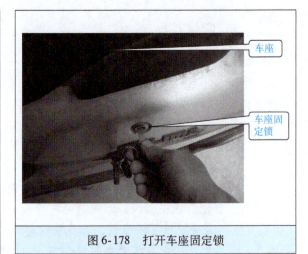

图 6-178 打开车座固定锁

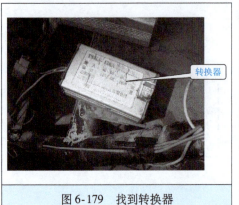

图 6-179 找到转换器

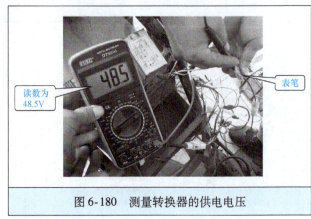

图 6-180 测量转换器的供电电压

3）测量转换器的黄色输出线与黑色负极线无电压，如图 6-181 所示，说明转换器损坏，应更换新转换器。新转换器如图 6-182 所示。

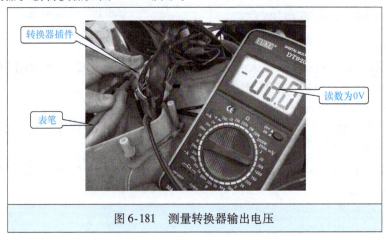

图 6-181 测量转换器输出电压

第六章　电气故障排除实例

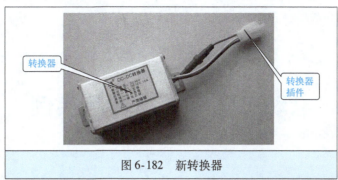

图 6-182　新转换器

4）将新转换器的引线插件颜色与车上的插件颜色对应后，将转换器插件与车上插件对插。然后打开电源锁，分别打开大灯、转向灯、喇叭开关试验正常后，将转换器固定好。按喇叭开关试验如图 6-183 所示。

5）将车座复原，故障排除完毕。

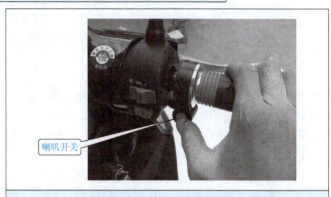

图 6-183　按喇叭开关试验

专家指导

电动车转换器

电动车转换器是一种 DC–DC 直流变压部件，它的作用是将蓄电池组的 36V、48V 或 60V 电压转换成 12V 电压供给灯具和喇叭使用。

转换器一般有 3 根引线，红线是蓄电池电源正极输入线，接电源锁后的蓄电池正极引线，黑线是公共负极线，接蓄电池负极线，另一根是黄线（或白线）转换器的 +12V 输出线，接灯具和喇叭正极线。转换器在电动自行车上通常安装在控制器附近，方便接线。转换器在电动自行车上的接线方法如图 6-184 所示。

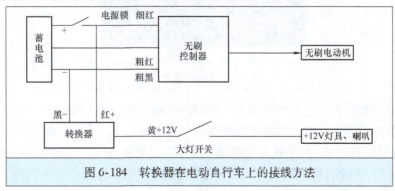

图 6-184　转换器在电动自行车上的接线方法

第七章

电动三轮车故障排除实例

一、金彭老年用电动三轮车仪表上有电压，但电动机不转 ★★★

（一）用户反映

金彭老年用电动三轮车骑行中突然电动三轮车停止。该车采用48V/350W无刷电动机，其外形如图7-1所示。

（二）故障排除过程

1）打开电源锁，观察仪表上显示有电压，如图7-2所示，转动转把，电动机有反映，转不动，但仪表上电压迅速下降，判断蓄电池可能有故障。用万用表测量蓄电池充电端子只有16.8V电压，48V车蓄电池电压应在48～54V之间，明显电压不足。测量充电端子电压如图7-3所示。

图7-1 金彭电动三轮车外形

图7-2 观察仪表上电量

2）观察该车蓄电池安装在后车厢下，打开后车厢，如图7-4所示。

3）检查蓄电池连线完好，用万用表测量单只蓄电池电压，有一只电压只有9.4V，低于最低欠电压保护值10.5V，判断该只蓄电池有故障，为判断准确，用蓄电池检测表对每只蓄电池进一步检测，其他蓄电池均正常，电压为9.4V的蓄电池在检测时指针很快回零，说明蓄电池内阻过大。

第七章　电动三轮车故障排除实例

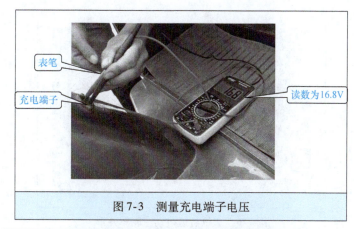

图 7-3　测量充电端子电压

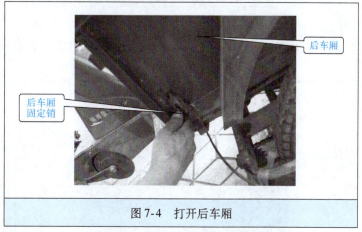

图 7-4　打开后车厢

4）用螺钉旋具取下损坏的蓄电池，用一只同容量蓄电池更换，装车试验，电动三轮车转动正常，如图 7-5 所示。

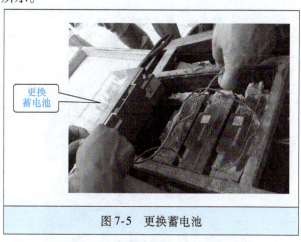

图 7-5　更换蓄电池

二、双枪货运电动三轮车刹车失灵 ★★★

（一）用户反映

双枪货运电动三轮车刹车失灵，其外形如图 7-6 所示。

图 7-6 双枪货运电动三轮车外形

(二) 故障排除过程

1) 观察车闸调整螺母已调整到尽头, 说明刹车块磨损严重, 需更换新刹车块, 如图 7-7 所示。

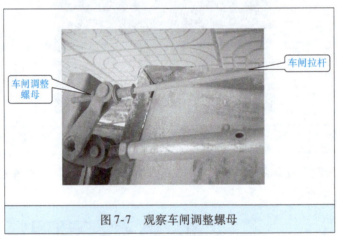

图 7-7 观察车闸调整螺母

2) 用尖嘴钳取下后轴螺母的固定销, 如图 7-8 所示。

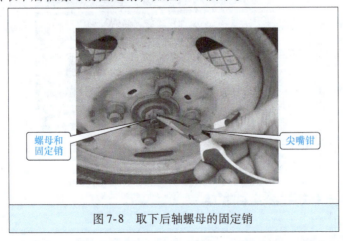

图 7-8 取下后轴螺母的固定销

3) 用扳手取下后轴固定螺母, 如图 7-9 所示, 用支架将车轮支起, 从车上取下后轮。

4）用錾子对准刹车锅，然后用手锤击打錾子，取下刹车锅和旧刹车块，如图7-10所示。取下刹车锅和刹车块后的后轴如图7-11所示，新刹车锅如图7-12所示。

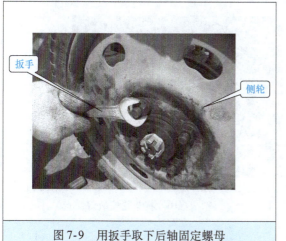

图7-9　用扳手取下后轴固定螺母

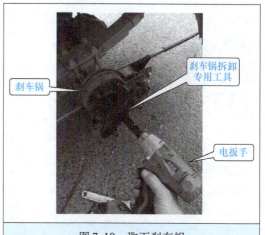

图7-10　取下刹车锅

图7-11　取下刹车锅和刹车块后的后轴

图7-12　新刹车锅

5）找到相同型号的刹车块更换安装好，新刹车块如图7-13所示，安装好的刹车块如图7-14所示。

图7-13　新刹车块

图7-14　安装好的刹车块

6）将平键放在键槽内，如图7-15所示，然后将车轮安装好，用扳手固定好螺母，如图7-16所示。

图7-15　将平键放在键槽内

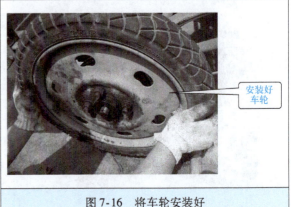

图7-16　将车轮安装好

7）用销子将轴螺母销好，然后将支架取下，调整好刹车调整螺母，试验刹车正常后，交用户使用。

三、通胜货运电动三轮车载重时行驶无力 ★★★

（一）用户反映

通胜货运电动三轮车载重时行驶无力，该车采用有刷串励电动机，该车外形如图7-17所示。

（二）故障排除过程

1）用支架支起后轮，打开电源锁，转动转把试车，观察电动机转动情况，发现电动机链轮和链条摆动严重，停转后检查，发现链轮、链条磨损严重，需同时更换电动机链轮、链条和后轴链轮。

2）用扳手松开链轮固定螺母，取下旧链轮和链条，如图7-18所示。

图7-17　通胜货运电动三轮车外形

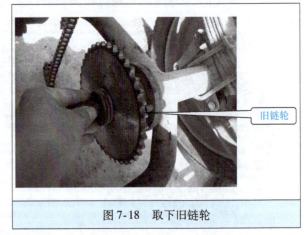

图7-18　取下旧链轮

3）找到相同型号的链轮和链条，更换安装好电动机链轮，如图7-19所示。

4）安装好后轴链轮和链条，如图7-20所示。

第七章 电动三轮车故障排除实例

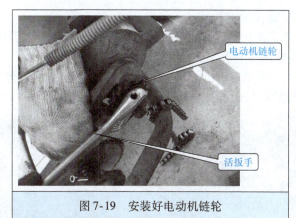

图 7-19 安装好电动机链轮

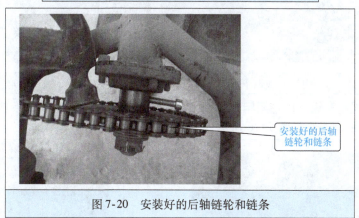

图 7-20 安装好的后轴链轮和链条

5）将链条和链轮校正好，保持在一条直线上，调整好链条松紧度，以防行驶中链条脱落，如图 7-21 所示。

6）安装完毕后，打开电源锁试车，行驶正常后，交用户使用。

四、丰收货运电动三轮车（差速）电动机旋转但车轮不行驶 ★★★

（一）用户反映

丰收货运电动三轮车（差速）电动机旋转但车轮不行驶，该车采用 1000W 功率差速电动机，该车外形如图 7-22 所示。

图 7-21 校正好链条和链轮

图 7-22 丰收货运电动三轮车外形

扫一扫看视频

扫一扫看视频

（二）故障排除过程

1）用老虎钳取下后轴螺母的固定销，然后用扳手取下后轴上的固定螺母，将后轮从车上取下，如图7-23所示。

2）将后轮放于地上，用扳手取下后轮刹车锅固定螺母，将刹车锅和后轮分离，如图7-24所示。

图 7-23　取下后轮

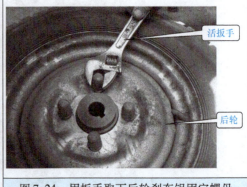

图 7-24　用扳手取下后轮刹车锅固定螺母

3）观察发现刹车锅与后轮固定螺钉磨损严重，同时将4个固定螺钉换新，如图7-25所示。更换好螺钉的刹车锅如图7-26所示。

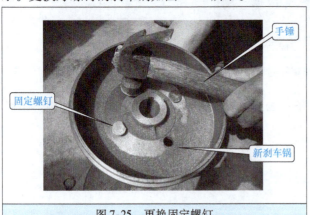

图 7-25　更换固定螺钉

图 7-26　更换好螺钉的刹车锅

4）将更换好的刹车锅安装到车轴上，如图7-27所示。

5）用扳手固定好刹车锅固定螺母，如图7-28所示。

图 7-27　将新刹车锅安装到车轴上

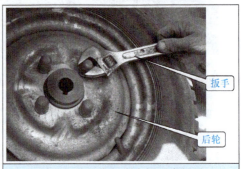

图 7-28　固定好刹车锅固定螺母

6）将后轮安装到后轴上，用手锤击打平键，使平键销好后轮，如图 7-29 所示。

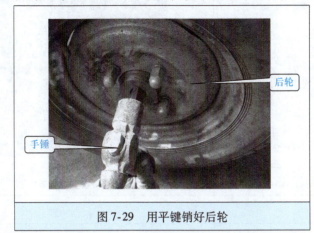

图 7-29　用平键销好后轮

7）最后用扳手将后轴固定螺母拧紧，并用销子销好螺母，试车正常，交用户使用，如图 7-30 所示。

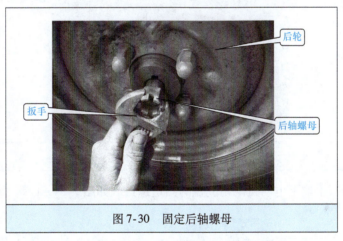

图 7-30　固定后轴螺母

五、飞舟货运电动三轮车仪表上有电，但电动机不转 ★★★

（一）用户反映

飞舟货运电动三轮车仪表上有电，但电动机不转。该车采用 36V 有刷串励电动机，外形如图 7-31 所示。

（二）故障排除过程

1）询问用户该车使用情况，该车已从事货运 3 年多，没有更换过电动机电刷，判断电动机电刷有故障。为判断准确，用支架将后轮支起，打开电源锁，转动转把，用万用表 DC200V 电压档测量电动机的红、黄引线，有 35.5V 电压，但电动机不转，说明电动机有故障，如图 7-32 所示。

2）用尖嘴钳取下防尘罩固定弹簧，然后取下电动机防尘罩，观察发现电刷引线和电刷烧坏严重，如图 7-33 所示。

图 7-31　飞舟货运电动三轮车外形

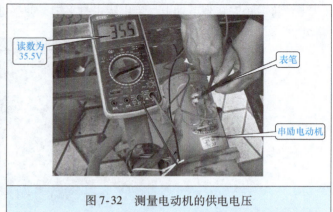

图 7-32　测量电动机的供电电压

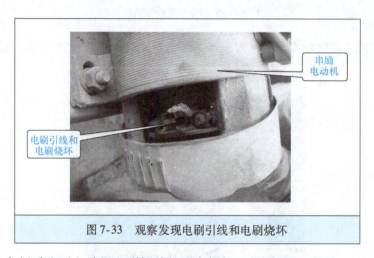

图 7-33　观察发现电刷引线和电刷烧坏

3）用内六角扳手取下电动机电刷侧盖的固定螺钉，如图 7-34 所示。

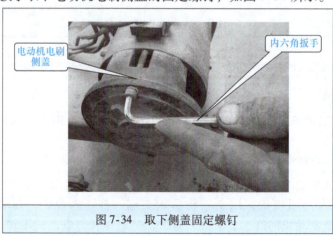

图 7-34　取下侧盖固定螺钉

4）取下电刷侧盖和电刷架，如图 7-35 所示。观察该电动机为 2 孔电刷架，电刷架已经损坏，同时将电刷架换新，损坏的电刷架如图 7-36 所示。

第七章 电动三轮车故障排除实例

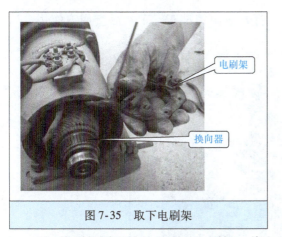

图 7-35 取下电刷架

图 7-36 损坏的电刷架

5）找到相同型号的电刷和电刷架，将电刷放在电刷架中试验电刷的活动情况，电刷在电刷架的刷凹内应活动自如，如果电刷过大，应放在地板上研磨，以使其与刷架相配套，如图 7-37 所示。

6）用螺钉旋具将电刷架固定在侧盖中，如图 7-38 所示。

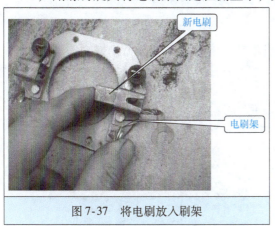

图 7-37 将电刷放入刷架

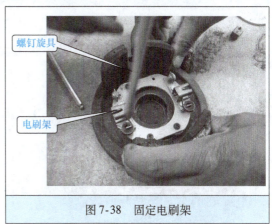

图 7-38 固定电刷架

7）安装好电刷架后，用砂布打磨换向器表面，并用毛刷清洁，如图 7-39 所示。

8）将电刷侧盖安装到电动机上，并用螺钉旋具将电动机相线与电刷固定好，如图 7-40 所示。

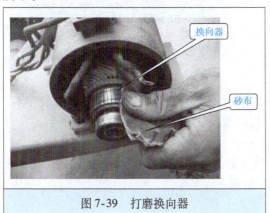

图 7-39 打磨换向器

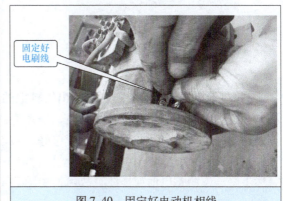

图 7-40 固定好电动机相线

9）最后用内六角扳手将电刷侧盖固定好，打开电源锁试车，正常后交用户使用，如图 7-41 所示。

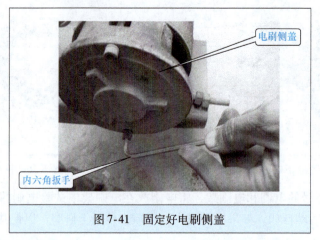

图 7-41　固定好电刷侧盖

六、通胜货运电动三轮车仪表上有电，但电动机不转 ★★★

（一）用户反映

通胜货运电动三轮车仪表上有电，但电动机不转。该车采用 60V 无刷控制器与电动机，其外形如图 7-42 所示。

（二）故障排除过程

1）支起后车厢，如图 7-43 所示，找到控制器。

图 7-42　通胜货运电动三轮车外形

图 7-43　支起后车厢

2）打开电源锁，测量控制器输出给转把的 5V 供电无电压，如图 7-44 所示。进一步检测电源锁输出给控制器的信号线断路，用蜂鸣器档测量发现，电源锁输出绿色线脱落，将电源锁输出绿色线接好，并用绝缘胶带包好，如图 7-45 所示。

3）打开电源锁试车，电动机有动作，但不能行走，转动转把，观察仪表上电量显示会突然下降，说明蓄电池或连线有故障，如图 7-46 所示。

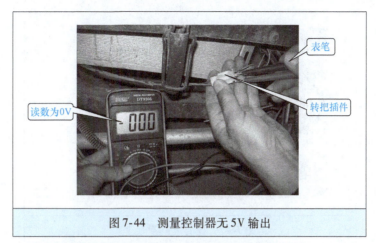

图 7-44 测量控制器无 5V 输出

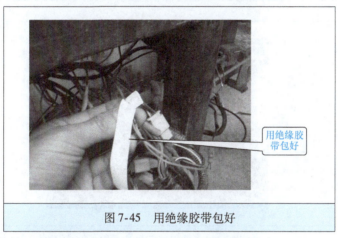

图 7-45 用绝缘胶带包好

图 7-46 观察仪表上的电量显示

4)用蓄电池检测表检测每只蓄电池,没发现故障,如图 7-47 所示。

5)用热水浇注蓄电池极柱进行清洁,然后检查蓄电池极柱和连线,发现蓄电池连线氧化严重,重新对蓄电池进行连线,试车正常。维修结束后,用黄油或防腐剂对蓄电池极柱进行处理,以防极柱再次氧化,如图 7-48 所示。

图 7-47 检测单只蓄电池

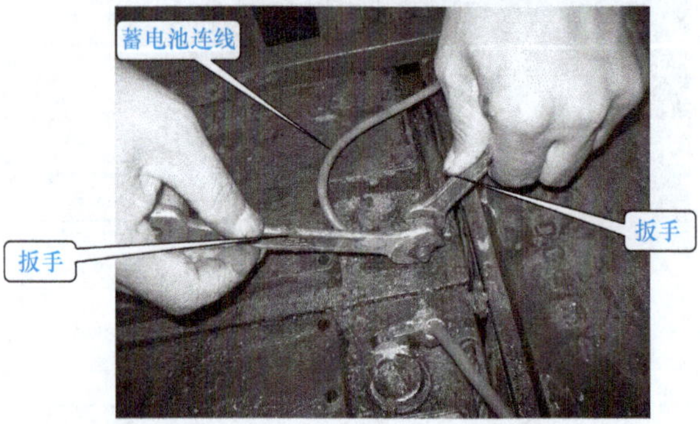

图 7-48 固定好蓄电池连线

七、简易型电动三轮车链条有异响，上坡时掉链条 ★★★

（一）用户反映

简易型电动三轮车链条有异响，上坡时掉链条，该车外形如图 7-49 所示。

（二）故障排除过程

1) 将车厢倒置，车轮向上，打开电源锁试车，观察链条和链轮摆动幅度较大，检查链轮齿头磨损严重，如图 7-50 所示。

2) 需将链轮和链条一同更换，首先取下后轮轴固定螺母，如图 7-51 所示。然后取下后轮，如图 7-52 所示。

3) 用扳手取下轴套固定螺母，如图 7-53 所示。然后取下轴承，如图 7-54 所示。

图 7-49 简易型电动三轮车外形

第七章 电动三轮车故障排除实例

图 7-50 观察链条和链轮摆动情况

图 7-51 取下后轮轴固定螺母

图 7-52 取下后轮

图 7-53 取下轴套固定螺母

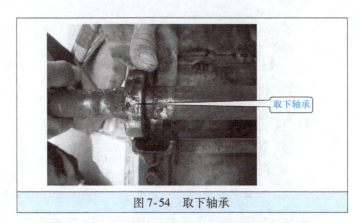

图 7-54 取下轴承

4）用套筒扳手取下旧链轮固定螺钉，然后取下旧链轮，并将新链轮按原位置安装好，用螺钉固定好，如图 7-55 所示。

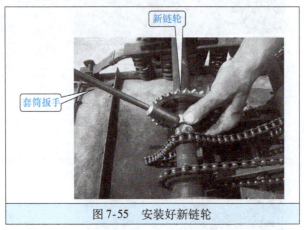

图 7-55 安装好新链轮

5）将链条一起换新，并调整好链条松紧度，如图 7-56 所示。
6）打开电源锁，试转正常后，将轴承和后轮复位。

八、大安电动三轮车后车闸刹车时抱死 ★★★

（一）用户反映

大安电动三轮车后车闸刹车时抱死，该车采用 48V 无刷电动机，后车闸采用涨闸，其外形如图 7-57 所示。

图 7-56 更换新链条

图 7-57 大安电动三轮车外形

第七章　电动三轮车故障排除实例

（二）故障排除过程

1）用扳手取下后轮轴固定螺母，如图7-58所示。将后轮支起，从车上取下后轮，如图7-59所示。检查涨刹块磨损严重，需要更换新涨刹块。

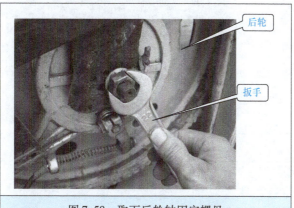

图7-58　取下后轮轴固定螺母

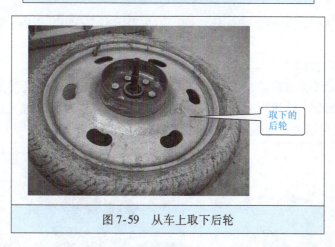

图7-59　从车上取下后轮

2）取下旧涨刹块，用相同型号的新涨刹块更换，如图7-60所示。

3）将刹车总成安装到后轮上，用手扳动试验刹车情况，如图7-61所示。

图7-60　更换新涨刹块

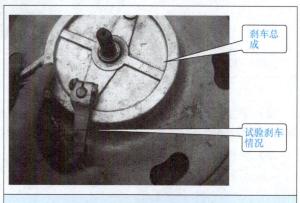

图7-61　用手扳动试验刹车情况

4）试验正常后将后轮装车，并用扳手固定好后轮螺母，如图7-62所示。

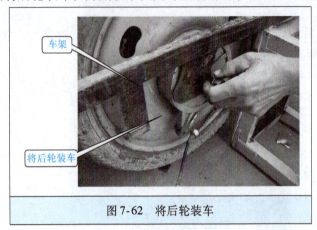

图7-62 将后轮装车

九、白天鹅电动三轮车上坡时，控制器冒烟 ★★★

（一）用户反映

白天鹅电动三轮车上坡时，控制器冒烟。该车采用48V/350W无刷电动机，该车外形如图7-63所示。

（二）故障排除过程

1）该车控制器安装在脚踏板下，打开脚踏板，找到控制器，发现控制器外部连线烧坏相连，如图7-64所示。故障原因是用户自己维修过，用室内黑胶带包扎连线，由于上坡时电动三轮车运行电流过大，造成控制器连线相连短路，烧坏控制器。

图7-63 白天鹅电动三轮车外形

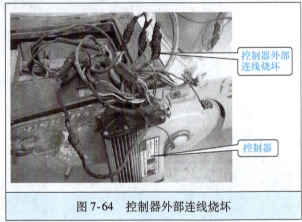

图7-64 控制器外部连线烧坏

2）观察控制器为48V/350W无刷控制器，更换相同型号的万能控制器，新万能无刷控制器如图7-65所示。

3）将控制器与电动机的3根相线按颜色对应连接好，并用电气PVC绝缘胶带包好，如图7-66所示。然后将控制器与电动机霍尔元件的5芯插件（确认红、黑正负极引线对应）对接。

第七章 电动三轮车故障排除实例

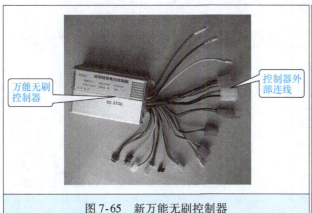

图 7-65 新万能无刷控制器

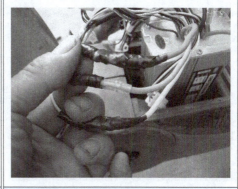

图 7-66 接好电动机 3 根相线

4) 将控制器与转把 3 芯插件颜色对应后, 接好控制器与转把的 3 芯插件, 如图 7-67 所示。

5) 接好控制器供电粗红、粗黑和电源锁细线引线, 并用绝缘胶带包好, 如图 7-68 所示。

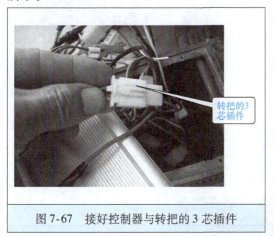

图 7-67 接好控制器与转把的 3 芯插件

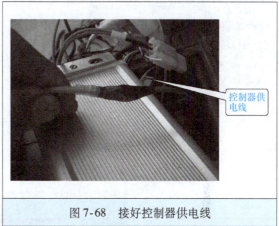

图 7-68 接好控制器供电线

6) 将黄色调试线插件对插, 打开电源锁, 用手向前转动电动机, 等电动机转动几分钟后, 将黄色调试线插件拔开, 电动机旋转正常, 如图 7-69 所示。

7) 最后将仪表线和刹车线接好, 打开电源锁试车, 正常后交用户使用。

十、双枪货运电动三轮车 120Ah 蓄电池更换 ★★★

(一) 用户反映

双枪货运电动三轮车用户要求更换 120Ah 蓄电池, 该车采用 3 只 12V/120Ah 蓄电池串联, 其外形如图 7-70 所示。3 只 12V/120Ah 蓄电池如图 7-71 所示。

(二) 故障排除过程

1) 支起后车厢, 如图 7-72 所示。记录原车上蓄电池组的总正极和总负极, 用扳手取下蓄电池的连线的固定螺母, 取下旧蓄电池, 如图 7-73 所示。

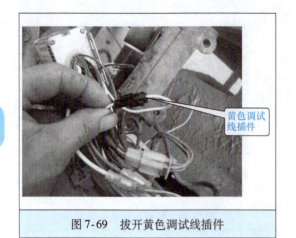

图7-69 拔开黄色调试线插件

图7-70 双枪货运电动三轮车外形

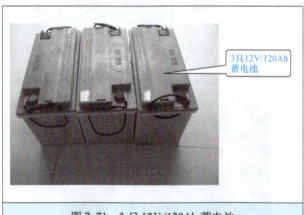

图7-71 3只12V/120Ah蓄电池

图7-72 支起后车厢

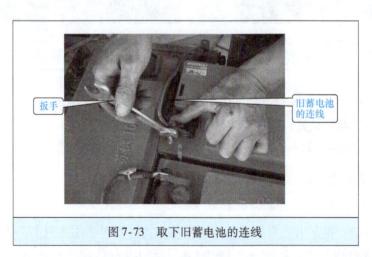

图7-73 取下旧蓄电池的连线

2）按串联的方法将3只蓄电池串联好，并用扳手固定好连线的固定螺母。连接好的3只蓄电池如图7-74所示。

3）为防止硫酸液腐蚀蓄电池极柱和连线，将黄油或防腐剂涂在蓄电池极柱上，如

图 7-75 所示。

图 7-74 连接好的 3 只蓄电池

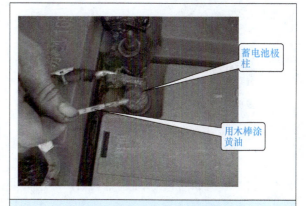

图 7-75 将黄油涂在蓄电池极柱上

4）安装结束后，打开电源锁试车，正常后交用户使用。

十一、丰收货运电动三轮车充电机电源指示灯亮，但充电时无电流 ★★★

（一）用户反映

丰收货运电动三轮车充电机电源指示灯亮，但充电时无电流。该充电机如图 7-76 所示。

（二）故障排除过程

1）检查发现充电机电流调节开关不能转动调节，判断电流调节开关损坏，需要更换新开关，如图 7-77 所示。

图 7-76 充电机

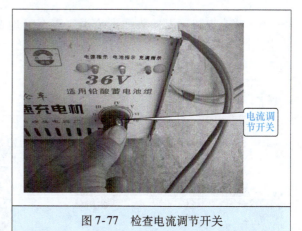

图 7-77 检查电流调节开关

2）用螺钉旋具卸下充电机外壳的固定螺钉，如图 7-78 所示。

3）用老虎钳取下旧电流调节开关，如图 7-79 所示。

4）记录旧开关的连线方法，用电烙铁焊下旧开关上的连线，并将新开关焊接好。新电流调节开关如图 7-80 所示。

5）用手转动调节开关，如图 7-81 所示，试验充电机工作情况，正常后，将电流调节开关安装好，最后将充电机外壳复原，如图 7-82 所示。

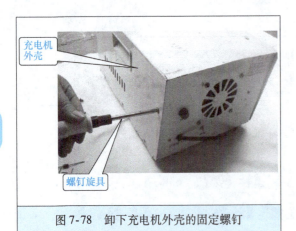

图 7-78　卸下充电机外壳的固定螺钉　　图 7-79　取下旧电流调节开关

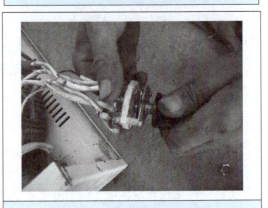

图 7-80　新电流调节开关　　图 7-81　转动调节开关试验

6）将充电机输出插头插到货运三轮车充电端子，交流电插头插到交流 220V 插座上，将电流调节开关旋转到合适的档位，观察机壳上的电流表有充电电流后，交用户使用，如图 7-83 所示。

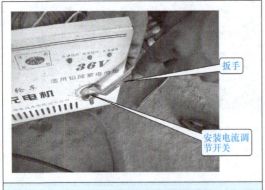

图 7-82　安装电流调节开关　　图 7-83　货运电动三轮车充电

十二、通胜货运电动三轮车接触器损坏 ★★★

（一）用户反映

通胜货运电动三轮车，打开电源锁，仪表上有电，但电动机不转。该车采用有刷控制器和串励电动机,其外形如图7-84所示。

(二)故障排除过程

1)支起后车厢,找到接触器,打开电源锁,选择万用表的直流电压档,黑表笔接整车的黑色负极线,红表笔接接触器的红色供电线,测量有37.6V电压,说明接触器已供电,如图7-85所示。

图7-84 通胜货运电动三轮车外形

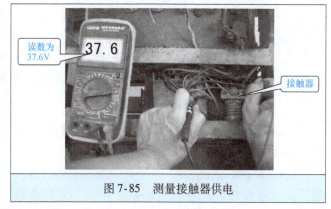

图7-85 测量接触器供电

2)测量接触器的粗红色电源正极输入进线有37.6V电压,测量接触器的粗红色电源正极输出线无电压,如图7-86所示,说明接触器损坏,需要换新接触器。

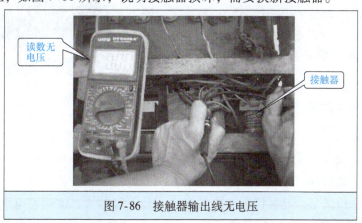

图7-86 接触器输出线无电压

3)观察接触器为36V接触器,用相同型号的接触器更换,如图7-87所示。

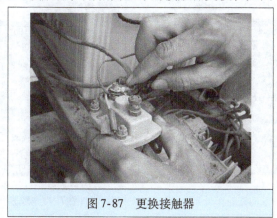

图7-87 更换接触器

4）更换好接触器后，打开电源锁，听到接触器的吸合声，转动转把试车，电动三轮车行驶正常，交用户使用。

技术指导

接触器的原理和接线技巧

接触器本身就是一个开关，它的作用就是用小电流来控制大电流负载，可以远距离控制，防止误动作造成事故。货运电动三轮车采用的是直流接触器，主要作用是控制三轮车电动机电流的通断，决定电动机是否送电运行，接触器吸合，电动机即通电，接触断开电动机不通电，让人操作方便。直流接触器外形如图7-88所示。

货运电动三轮车用直流接触器的线圈电压有36V、48V、60V等，触点电流达150A。

接触器分两部分组成，一个是线圈，它要通过控制开关与电源并联，另一个是触点开关，它和负载串联。

接触器有4个接线端子，两个小一点的端子是线圈，可用万用表蜂鸣器档测量，通的是线圈接线端子，线圈有一点电阻，但是不能开路。另两个大一点的接线端子是常开触点。线圈通电，触点闭合。

图7-88 直流接触器外形

十三、金彭快递专用电动三轮车加电后不动 ★★★

（一）用户反映

金彭快递专用电动三轮车加电后不动。该车外形如图7-89所示。

（二）故障排除过程

1）打开电源锁试车，观察仪表上电量显示指针下降过快，说明蓄电池或连线有故障。观察仪表上的电量显示如图7-90所示。

图7-89 金彭快递专用电动三轮车外形

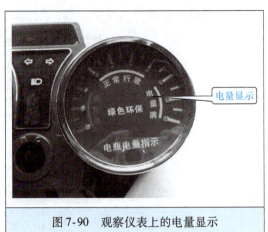

图7-90 观察仪表上的电量显示

2)支起后车厢,用蓄电池检测表逐一检测蓄电池均无故障,如图7-91所示。

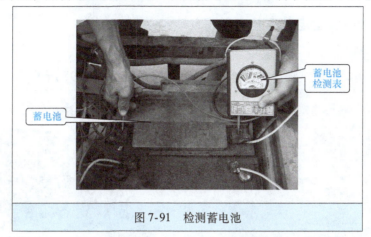

图7-91 检测蓄电池

3)检查蓄电池连线,用开水对蓄电池极柱和连线进行清洁,如图7-92所示,发现蓄电池连线腐蚀严重。

图7-92 清洁蓄电池极柱和连线

4)用斜嘴钳剪去腐蚀的导线,重新用扳手将蓄电池连线固定好,如图7-93所示。

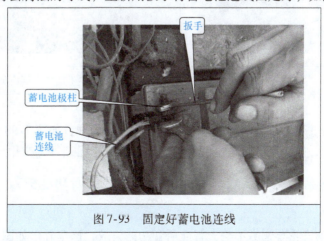

图7-93 固定好蓄电池连线

5)重新将蓄电池极柱和连线涂上黄油,预防电解液再次腐蚀极柱和导线。如图7-94所示。

6)处理完毕后,打开电源锁试车正常,交用户使用。

十四、步步先货运电动三轮车骑行时有杂音 ★★★

(一)用户反映

步步先货运电动三轮车骑行时后轮有杂音,该车外形如图 7-95 所示。

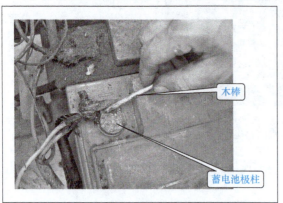

图 7-94 将蓄电池极柱和连线涂上黄油

图 7-95 步步先货运电动三轮车外形

(二)故障排除过程

1)用支架支起一侧后轮,用扳手松开后轮轴固定螺母,取下后轮,如图 7-96 所示。
2)检查刹车块与刹车锅有相碰处,对刹车块进行更换,如图 7-97 所示。

图 7-96 取下后轮

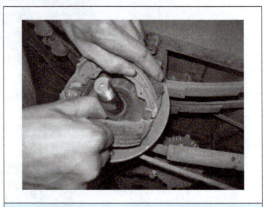

图 7-97 更换新刹车块

3)进一步检查发现轴承缺油严重,对轴承进行加油处理,如图 7-98 所示。
4)将后轮复原,打开电源锁,试骑电动三轮车,后轮无杂音,交用户使用。

十五、力之星客运电动三轮车喇叭不响,智能语音功能失效 ★★★

(一)用户反映

力之星客运电动三轮车喇叭不响,智能语音功能失效,该车外形如图 7-99 所示。

第七章　电动三轮车故障排除实例

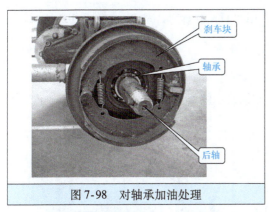

图7-98　对轴承加油处理

图7-99　力之星客运电动三轮车外形

（二）故障排除过程

1）打开电动三轮车座，找到电动三轮车喇叭，如图7-100所示。

2）检查喇叭外壳破裂，故障原因是喇叭外壳采用塑件，喇叭用螺钉固定过紧，电动三轮车行驶中振动造成外壳破裂，如图7-101所示。

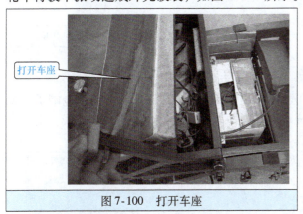

图7-100　打开车座

图7-101　喇叭外壳破裂

3）打开电源锁，按动喇叭开关，测量喇叭插件的红、黑引线有52V（48V喇叭）电压，说明喇叭供电正常。

4）找到相同型号的电动三轮车用4线喇叭，如图7-102所示。

5）取下旧喇叭，先将新喇叭插件与旧喇叭插件引线颜色对应后，再将新喇叭插件对插好，如图7-103所示，打开电源锁试验，智能语音功能正常，按动喇叭开并试验，喇叭声音响亮。

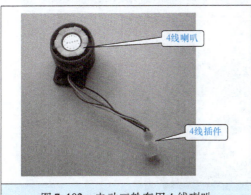

图7-102　电动三轮车用4线喇叭

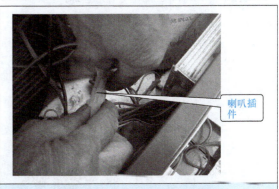

图7-103　将新喇叭插件对插好

6）为防止新喇叭再次损坏，不再用螺钉固定，用双面胶将新喇叭固定，如图 7-104 所示。

十六、新鸽小折叠电动三轮车充不进电 ★★★

（一）用户反映

新鸽小折叠电动三轮车充不进电，充电器插上就显示绿灯。新鸽小折叠电动三轮车车外形如图 7-105 所示。

图 7-104　固定将新喇叭

图 7-105　新鸽小折叠电动三轮车外形

（二）故障排除过程

1）检查发现三轮车上的充电端子损坏，需要更换新充电端子，如图 7-106 所示。

2）找到新的带线 3 孔型充电端子，如图 7-107 所示，用螺钉旋具取下旧充电端子，观察原充电端子的红、黑色引线位置，将新充电端子按原位置安装好，并连接好连线，用绝缘胶带包好，如图 7-108 所示。

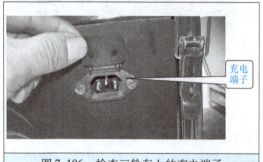

图 7-106　检查三轮车上的充电端子

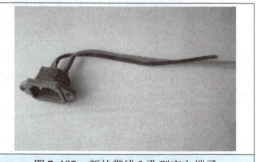

图 7-107　新的带线 3 孔型充电端子

图 7-108　更换新充电端子

第七章 电动三轮车故障排除实例

> **相关链接**
>
> 更换电动车充电端子和充电插头时，一定要进行测量，确保新更换的插头极性与原始一致，否则会造成充电器损坏。
>
> 3）更换好充电端子后，将充电器插上充电试验，充电器仍为绿灯。用万用表测量充电器的充电端子，输出电压为55.6V（48V蓄电池充电器），说明充电器正常，如图7-109所示。

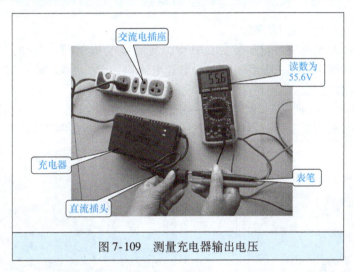

图7-109 测量充电器输出电压

4）进行下一步检查，打开蓄电池盒，检查蓄电池盒内熔断器，用万用表蜂鸣器档测量熔断器烧断，如图7-110所示。

5）观察熔断器型号为长3cm、30A，用相同型号熔断器更换，如图7-111所示。

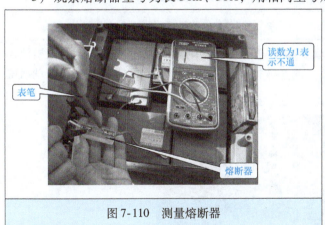

图7-110 测量熔断器

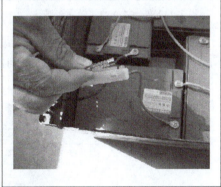

图7-111 更换新熔断器

6）将充电器插上三轮车充电端子充电试验，充电正常，交用户使用。

> **专家点评**
>
> 此例是典型的由于用户充电时操作不当造成的，电动自行车、电动三轮车充电时应先插直流充电插头，然后插交流电 220V 电源插头；充电结束后，应先断开交流 220V 电源插头，然后再拔下直流充电插头，如果充电时错误操作，会造成充电器损坏或蓄电池盒内熔断器损坏。

十七、大安电动三轮车负载过重，造成控制器烧坏 ★★★

（一）用户反映

大安电动三轮车载货行驶中，突然电动机不转，电动三轮车推动时阻力大。该车采用 48V/500W 无刷差速电动机，其外形如图 7-112 所示。

扫一扫看视频

（二）故障排除过程

1) 打开后车厢，找到控制器，支起一侧车轮，打开电源锁，转动转把，用万用表的交流电压档测量控制器输出任意两根相线无电压，如图 7-113 所示。

图 7-112　大安电动三轮车外形

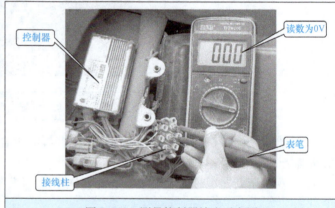

图 7-113　测量控制器输出无电压

2) 测量控制器供电有电压，测量转把输出电压正常，用无刷电动车综合检测仪检测电动机霍尔元件正常，说明故障在控制器。测量转把输出电压如图 7-114 所示，检测电动机霍尔元件如图 7-115 所示。

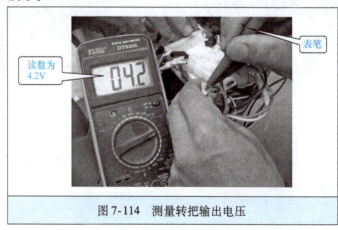

图 7-114　测量转把输出电压

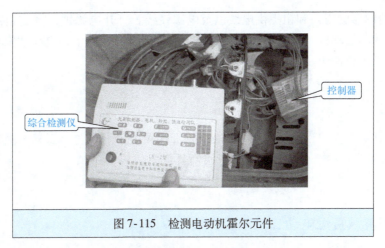

图 7-115 检测电动机霍尔元件

3）取下旧控制器，观察控制器为 48V/500W 无刷控制器，用相同型号的控制器更换。首先按颜色接好电动机 3 根相线，如图 7-116 所示。

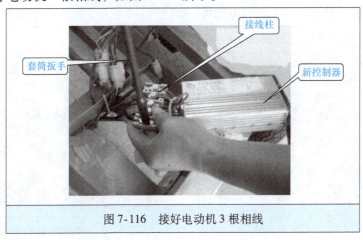

图 7-116 接好电动机 3 根相线

4）将控制器与电动机霍尔元件插件插好，如图 7-117 所示。

5）先将控制器的转把插件与车上的转把插件功能和颜色对应后，再将控制器与转把插件对插，如图 7-118 所示。

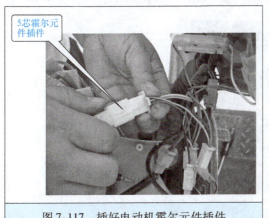

图 7-117 插好电动机霍尔元件插件

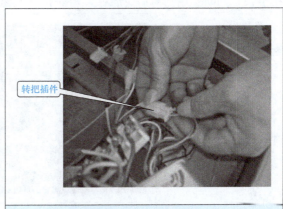

图 7-118 连接转把插件

6）接好控制器的粗红和粗黑供电线以及电源锁线。打开电源锁，将控制器的调试线对插，用手向前转动电动机，等电动机正转几分钟后，将调试线拔下，电动动旋转正常后，将仪表线接好，交用户使用。

> **专家点评**
>
> 此例故障是典型的过载造成的，装配48V/500W电动机的电动三轮车额定载重量为150kg，如果用户超载或负载过重将造成控制器烧坏。

十八、新能源货运电动三轮车后桥脱档 ★★★

（一）用户反映

新能源货运电动三轮车行驶中，突然电动三轮车不能行进，该车采用5只60V/120Ah蓄电池串联，电动机功率为1000W串励电动机，如图7-119所示。该车外形如图7-120所示。

图7-119　1000W串励电动机

图7-120　新能源货运电动三轮车外形

（二）故障排除过程

1）用支架支起后车轮，打开电源锁，转动转把试车，观察电动机转动正常，但是后车轮不转，判断差速器与后桥脱档，需要打开差速器检修，如图7-121所示。

图7-121　支架支起后轮试车

2）取下后车轮，如图 7-122 所示。

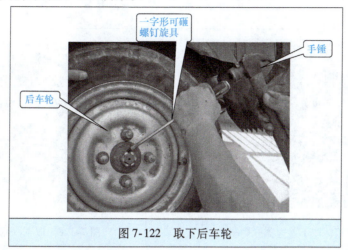

图 7-122　取下后车轮

3）取下刹车锅，如图 7-123 所示。

4）抽出一侧的后桥，如图 7-124 所示。抽出后的一侧后桥如图 7-125 所示。

图 7-123　取下刹车锅

图 7-124　抽出一侧的后桥

5）从车上取下差速器总成，如图 7-126 所示。

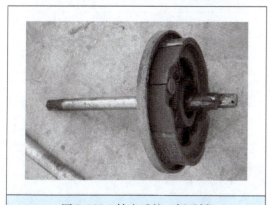

图 7-125　抽出后的一侧后桥

图 7-126　差速器总成

6）用拉马取下差速器一侧端盖，如图7-127所示。取下一侧端盖的差速器如图7-128所示。

图7-127　取下差速器一侧端盖

图7-128　取下一侧端盖的差速器

7）检查差速器固定销螺栓磨损，更换新固定螺栓，将差速器齿轮加黄油保养，如图7-129所示，将差速器复原，如图7-130所示。

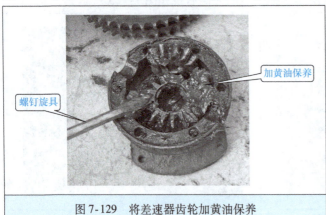

图7-129　将差速器齿轮加黄油保养

图7-130　将差速器复原

8）安装固定差速器一侧的固定螺栓，如图7-131所示。

9）安装好一侧的轴套和轴承，如图7-132所示。将差速器总成装车，如图7-133所示。安装好链条，如图7-134所示。

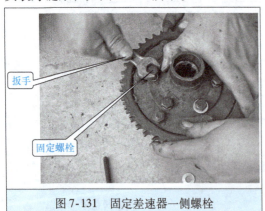

图7-131　固定差速器一侧螺栓

图7-132　安装好轴套和轴承

第七章　电动三轮车故障排除实例

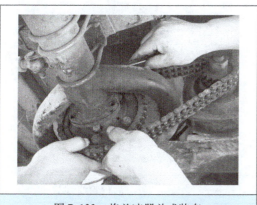

图 7-133　将差速器总成装车

图 7-134　安装好链条

10）最后将后车轮复原装车，固定好后轮固定螺母，打开电源锁试车，电动三轮车旋转正常。固定好后车轮螺母如图 7-135 所示。

十九、新马货运电动三轮车行驶中电动机噪声大 ★★★

（一）用户反映

新马货运电动三轮车行驶中电动机噪声大。该车采用 48V/650W 挂档差速电动机，如图 7-136 所示；该车外形如图 7-137 所示。

图 7-135　固定好后轮螺母

图 7-136　48V/650W 挂档差速电动机外形

（二）故障排除过程

1）询问用户购买新车一年多，电动机没有更换过齿轮油，由于差速电动机需要定期更换齿轮油，则判断电动机缺油造成此故障。新齿轮油如图 7-138 所示。

2）用扳手取下电动机下方放油螺栓，将废油放出。

3）用扳手取下电动上方注油螺栓，加入齿轮油，如图 7-139 所示。最后将加油孔螺栓固定好，交用户使用。

扫一扫看视频

图 7-137 新马货运电动三轮车外形

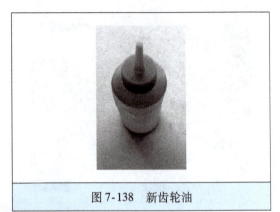

图 7-138 新齿轮油

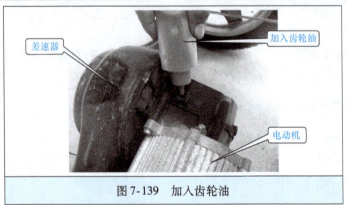

图 7-139 加入齿轮油

二十、金彭电动三轮车在平路上行驶正常，负重上坡时整车无电 ★★★

（一）用户反映

金彭电动三轮车在平路上行驶正常，负重上坡时整车无电。该车采用 48V/500W 差速电动机，该车外形如图 7-140 所示。

（二）故障排除过程

1）骑行负重上坡试车，观察仪表上的电瓶电量指示，发现故障时电瓶电量指示断电，如图 7-141 所示。

图 7-140 金彭电动三轮车外形

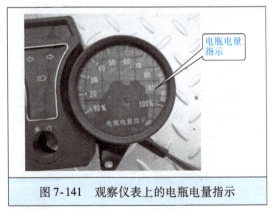

图 7-141 观察仪表上的电瓶电量指示

2）检查蓄电池连线及蓄电池正常，如图 7-142 所示。

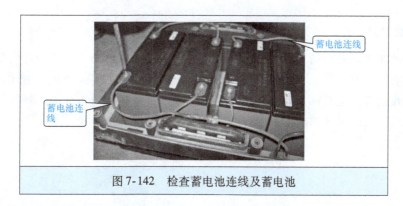

图7-142 检查蓄电池连线及蓄电池

3）进一步取下前大灯，检查电源锁插件无故障，用镊子短接电源锁插件试车，电动三轮车故障依旧，说明故障不在此处，如图7-143所示。

4）支起后车厢，找到控制器，检查控制器附近线束、插件、熔断器均无故障，如图7-144所示。

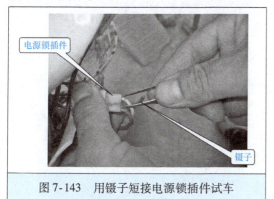
图7-143 用镊子短接电源锁插件试车

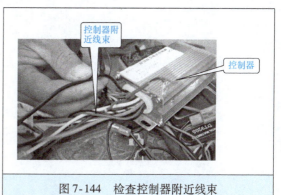
图7-144 检查控制器附近线束

5）进一步检查发现控制器的电源粗红线上有个体积很小的部件，观察上面的标签说明显示25A字样，说明此部件是过载保护器，防止控制器因过载而烧坏，可能是过载保护器误动作，由于市场上暂时购不到过载保护器，将粗红线直接短接，用绝缘胶带包好。打开电源锁，上坡骑行，故障排除。过载保护器外形如图7-145所示。

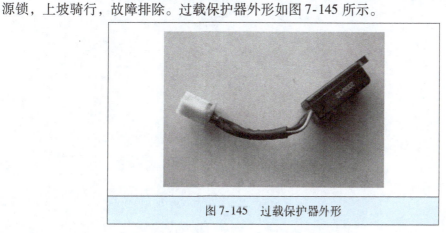
图7-145 过载保护器外形

故障总结

此例故障在同类电动三轮车上也出现过,例如,大阳电动三轮车,控制器粗红线上也安装有过载保护器。过载保护器的作用是当电动车过载(超过其额定电流值)时,保护控制器及电动机不因过电流而烧坏。如果过载保护器因故障误动作,会起到相反的作用。维修时可将控制器粗红线直接短接,故障即可排除。